1인 PD가 되어 인공지능과 함께
다양한 영상을 만들어보자!

AI를 활용한
쉬운 미디어콘텐츠 제작하기!

책소개

AI는 제조, 물류, 소매, 금융, 미디어, 법률 등 다양한 산업에서 자동화로 일자리를 대체하고 위협하고 있습니다. 자동화된 생산 라인, 자율주행 차량, 무인 매장, 자동 기사 작성 등의 기술이 확산되고 있습니다. 이를 통해 생산성과 효율성은 증가하지만, 저숙련 노동자의 일자리는 감소할 위험이 있습니다. 새로운 기술 습득과 재교육을 통해 변화에 적응하는 것이 중요합니다.

미디어 콘텐츠 제작 환경도, AI를 통해 여러 사람의 역할을 대체할 수 있습니 다. 우리는 이러한 변화를 목도하는 것이 아니라, 함께 적응해야 한다고 생각합니다. 이 책은 인공지능(AI)을 활용해 미디어 콘텐츠 제작의 모든 단계를 다룹니다. GPT를 통해 콘텐츠 기획과 스토리 작성을 시작으로, DALL·E로 이미지 생성, CapCut을 사용한 애니메이션 제작 및 영상 편집, 네이버 클로버 더빙을 활용한 오디오 삽입까지, AI을 활용해 미디어 콘텐츠 제작의 전 과정을 혼자 진행할 수 있습니다.

독자 대상

1. 프리미어 프로나 애프터 이펙트가 버겁고 어려운 분들:
- 이 책은 고급 영상 편집 프로그램 학습을 어려워하는 사람들을 위한 완벽한 안내서입니다. AI 도구를 사용하여 영상 편집 과정을 단순화하고 더 쉽게 접근할 수 있도록 도와줍니다.

2. AI를 활용하여 빠르고 짧은 영상을 제작하고 싶은 분들:
- AI 기술을 활용하면 빠른 시간 내에 고품질의 영상을 제작할 수 있습니다. GPT로 스토리 작성, DALL·E로 이미지 생성, RunwayML로 애니메이션 제작, CapCut으로 편집 등 모든 단계를 효율적으로 진행할 수 있어, 빠르고 효율적인 콘텐츠 제작이 가능합니다.

3. 적은 비용으로 다양한 포맷의 영상을 제작하고 싶은 분들:
- AI 도구들은 대부분 무료이거나 저렴한 비용으로 사용할 수 있으며, 다양한 포맷의 콘텐츠 제작을 지원합니다. 예를 들어, Bing Image Creator는 하루에 15개의 이미지를 무료로 생성할 수 있으며, RunwayML와 CapCut은 강력한 기능을 제공하면서도 접근 가능한 가격대를 유지합니다.

4. 1인 미디어 콘텐츠 제작자:
- 개인 유튜버, 인스타그램 인플루언서, 블로거 등 1인 미디어 콘텐츠를 제작하는 사람들은 제한된 자원으로도 고품질의 콘텐츠를 제작할 수 있는 AI 도구에 큰 관심을 가질 것입니다. 이 책은 그들이 더 나은 콘텐츠를 빠르게 제작하는 데 필요한 기술과 지식을 제공합니다.

5. 작은 비즈니스 및 스타트업:
- 마케팅 예산이 제한된 작은 기업이나 스타트업은 무료로 제공되는 AI 도구를 활용하여 전문적인 홍보 영상을 제작할 수 있습니다. 비용 효율적인 방법으로 브랜드를 홍보하고자 하는 비즈니스 사장님들에게 매우 유용한 가이드가 될 것입니다.

6. 교육자 및 학생:
- 교육 현장에서 미디어 콘텐츠를 활용하는 교사나 학생들은 AI 도구를 사용하여 교육 자료를 더 창의적이고 흥미롭게 만들 수 있습니다. AI를 활용하여 프로젝트나 프레젠테이션을 제작하는 과정에서 큰 도움이 될 것입니다.

7. 취미로 미디어 콘텐츠를 제작하는 사람들:
- 취미로 영상 제작을 하거나 소셜 미디어에 공유하기 위해 간단한 영상을 만드는 사람들은 AI 도구를 통해 복잡한 프로그램을 배우지 않고도 고품질의 콘텐츠를 쉽게 제작할 수 있습니다.

8. 크리에이티브 에이전시 및 마케팅 전문가:
- 광고, 마케팅 캠페인, 브랜드 홍보를 담당하는 전문가들은 AI 도구를 사용하여 빠르게 컨셉을 개발하고 다양한 비주얼 콘텐츠를 제작할 수 있습니다. 이는 업무 효율성을 높이고, 창의적인 아이디어를 더 쉽게 구현하는 데 도움이 될 것입니다.

책의 특징

초보자도 쉽게 접근할 수 있는 가이드

이 책은 AI와 미디어 콘텐츠 제작에 대한 기본 개념부터 고급 기술까지 단계별로 설명하고 있어 초보자도 쉽게 따라할 수 있습니다. 각 장에서는 실습 예제를 통해 독자들이 직접 AI 도구를 사용해볼 수 있도록 구성되어 있습니다. 복잡한 기술 용어는 최소화하고, 이해하기 쉬운 언어로 설명하여 AI와 미디어 콘텐츠 제작에 처음 도전하는 사람도 쉽게 접근할 수 있습니다.

최신 AI 도구를 활용한 실습

이 책은 최신 AI 기술과 도구들을 활용해 미디어 콘텐츠를 제작하는 방법을 다룹니다. GPT, Bing Image Creator, Flair, Runwayml, KreaAI, Suno, CapCut, 네이버 클로버 더빙 등 다양한 AI 도구를 소개하고, 이를 활용해 창의적인 아이디어를 발굴하고, 이미지와 영상을 제작하며, 최종 콘텐츠를 편집하는 전 과정을 안내합니다. AI 기술의 최신 동향을 반영하여 독자들이 현재 활용 가능한 최신 기술을 접하고 활용할 수 있도록 합니다.

구체적인 실습 예제와 친절한 설명

각 장마다 고양이 입양 과정을 주제로 한 구체적인 실습 예제를 통해 독자들이 AI 도구를 실전에서 어떻게 사용할 수 있는지 상세히 설명합니다. 실습 예제는 단계별로 나누어져 있어 하나씩 따라하다 보면 자연스럽게 AI 도구 사용법을 익힐 수 있습니다. 이를 통해 독자들은 실제 콘텐츠 제작 환경에서 AI 기술을 적용해볼 수 있는 자신감을 얻게 됩니다.

실습 중심의 구성

이 책은 이론보다 실습을 중심으로 구성되어 있습니다. 각 단계별로 필요한 도구와 사용법을 자세히 설명하며, 실습 과제를 통해 독자들이 직접 실습할 수 있도록 유도합니다. 이를 통해 독자들은 AI 도구를 단순히 이해하는 것을 넘어서 실제로 활용할 수 있는 능력을 기를 수 있습니다.

포괄적인 콘텐츠 제작 가이드

책은 AI를 활용한 콘텐츠 제작의 전 과정을 포괄적으로 다룹니다. 기획, 이미지 생성, 애니메이션 제작, 영상 편집, 오디오 삽입 등 콘텐츠 제작의 모든 단계를 하나의 책에서 배울 수 있습니다. 이로 인해 독자들은 여러 책을 참조할 필요 없이, 이 한 권으로 AI를 활용한 미디어 콘텐츠 저작의 모든 과정을 익힐 수 있습니다.

이 책은 AI 기술에 대한 이해를 높이고, 이를 실제 콘텐츠 제작에 적용하고자 하는 독자들에게 최고의 가이드가 될 것입니다. AI를 활용한 미디어 콘텐츠 제작의 모든 과정을 친절하고 상세하게 설명하여, 독자들이 새로운 시대의 미디어 제작자로 성장할 수 있도록 돕습니다.

AI를 활용한 쉬운 미디어 콘텐츠 제작하기!

기존 레거시 미디어 제작 방식 / 10

AI 툴을 활용한 미디어 콘텐츠 제작 / 13

AI 기술과 미래의 미디어 콘텐츠 제작 / 15

PART1

GPT 소개 및 기본 개념 / 18

GPT 프롬프트 작성방법과 활용 / 22

2. GPT를 활용한 아이디어 발굴 단계 / 25

GPT를 활용한 콘텐츠 기획과 스토리보드 작성하기 / 34

PART2

Bing Image Creator를 활용한 이미지 생성하기 / 46

Flair AI 소개 및 사용 방법 / 54

이미지 업스케일링 <Pixelcut> / 63

샷과 앵글 / 67

PureRef를 활용한 스토리보드 구성 / 77

PART3

영상 포맷 / 84

Runway을 활용한 애니메이션 생성 / 88

Haiper를 활용해 영상스타일 변경하기 / 100

Krea를 활용한 몰핑 영상 제작하기 / 104

PART4

영상 편집 기술 / 110

CapCut으로 편집하기 / 115

Vrew를 활용해 텍스트로 쇼츠 영상 만들기 / 124

OpusClip 을 활용해 자동 쇼츠클립 만들기 / 129

네이버 클로버 더빙 활용하기 / 134

D-iD를 활용하여 아바타 더빙 / 144

Suno 소개 및 사용 방법 / 149

CapCut을 활용한 자동 자막 생성 / 159

PART5

뤼튼 사용 방법 / 164

Shopify Logo Maker로 자동 로고 만들기 / 170

미리캔버스를 활용한 썸네일 제작하기 / 176

유튜브 채널 설정 및 영상 업로드 / 184

실습 예제 : 고양이 입양과정 제작 / 207

부록: AI와 관련 문제들 / 211

기존 레거시 미디어 제작 방식

기존의 레거시 미디어 제작 방식은 다수의 전문가와 다양한 단계의 협업이 필요한 복잡한 과정을 거쳤습니다. 이는 영화, TV 프로그램, 광고, 출판물 등 전통적인 미디어 콘텐츠 제작에서 공통적으로 적용되었습니다. 이러한 제작 방식은 다음과 같은 주요 단계로 구성되었습니다.

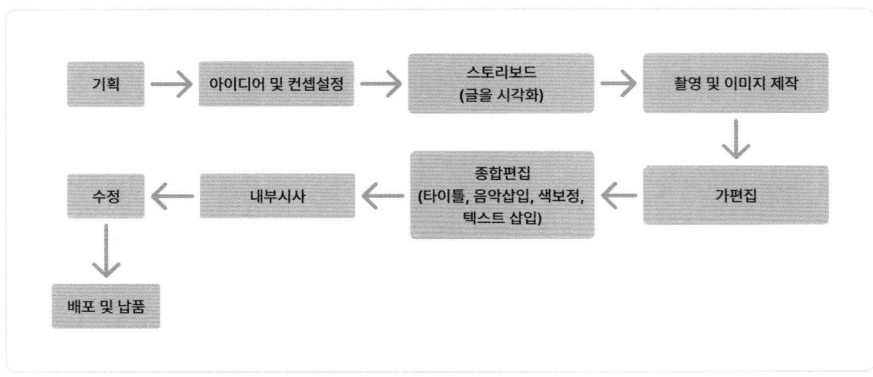

1. 기획 및 개발
- **아이디어 구상**: 콘텐츠의 초기 아이디어를 구상하고, 이를 바탕으로 스토리라인과 콘셉트를 개발합니다.
- **기획 회의**: 작가, 프로듀서, 감독 등 핵심 인원이 모여 아이디어를 구체화하고, 프로젝트의 방향성을 결정합니다.

2. 스토리보드 및 시나리오 작성
- **스토리보드**: 전체 플롯과 각 장면의 시각적 구성을 계획하고, 이를 그림이나 이미지로 표현하여 전체적인 흐름을 시각화합니다.
- **시나리오 작성**: 대본 작가가 대사, 행동, 배경 등을 상세히 기술한 시나리오를 작성합니다. 이는 촬영과 제작의 기초가 됩니다.

3. 프리프로덕션

- **캐스팅**: 영화나 드라마의 경우, 캐릭터에 적합한 배우를 선발합니다.
- **로케이션 스카우팅**: 촬영 장소를 물색하고, 로케이션 계약을 체결합니다.
- **세트 디자인 및 의상**: 세트 디자이너와 의상 디자이너가 스토리보드에 맞춰 세트와 의상을 설계하고 제작합니다.

4. 제작(프로덕션)

- **촬영**: 감독, 촬영 감독, 배우, 촬영팀 등이 모여 계획된 장면을 촬영합니다.
- **녹음**: 사운드 엔지니어가 현장에서 대사, 효과음, 배경음 등을 녹음합니다.

5. 후반 작업(포스트프로덕션)

- **편집**: 편집자가 촬영된 영상을 시나리오와 기획의도에 맞게 편집하고, 불필요한 부분을 제거합니다.
- **음향 편집**: 사운드 디자이너가 음악, 효과음, 대사 등을 추가하여 전체 사운드트랙을 완성합니다.
- **시각 효과**: VFX 팀이 필요한 시각 효과를 추가하고, 색 보정 작업을 수행합니다.

6. 배급 및 마케팅

- **배급**: 완성된 콘텐츠를 방송사, 영화관, 스트리밍 서비스 등 다양한 플랫폼에 배급합니다.
- **마케팅**: 광고, 예고편, 인터뷰 등 다양한 홍보 활동을 통해 콘텐츠를 홍보하고, 관객의 관심을 유도합니다.

7. 최종 검수 및 출시

- **최종 검수**: 모든 제작 과정을 마친 후, 최종 검수와 수정 작업을 거쳐 최종본을 완성합니다.
- **출시**: 정해진 일정에 맞춰 콘텐츠를 공식 출시합니다.

이와 같은 레거시 미디어 제작 방식은 많은 인력과 자원을 필요로 하며, 각 단계가 순차적으로 진행되기 때문에 상당한 시간이 소요됩니다. 그러나 오늘날의 디지털 시대에는 이러한 전통적인 방식이 변화하고 있습니다. 인공지능(AI) 기술의 발전으로 인해 콘텐츠 제작의 효율성이 높아지고, 더 빠르고 창의적인 방법으로 미디어 콘텐츠를 제작할 수 있는 길이 열리고 있습니다. 이 책에서는 AI를 활용한 새로운 미디어 콘텐츠 제작 방식을 소개하고, 독자들이 이를 실제로 적용할 수 있는 구체적인 방법과 실습을 제공할 것입니다.

AI 툴을 활용한 미디어 콘텐츠 제작

AI 기술은 미디어 콘텐츠 제작 분야에서 혁신을 이끌고 있습니다.
다음은 현재 AI 기술이 어떻게 활용되고 있는 지에 대한 주요 예입니다.

1. 콘텐츠 기획과 스토리 작성
- **GPT-4와 같은 언어 모델**은 창의적인 아이디어를 발굴하고, 스토리나 대본을 작성하는 데 사용됩니다. 이러한 AI 도구들은 사용자에게 영감을 주거나, 기초적인 스토리 라인을 제공하여 작가들이 보다 쉽게 작업을 시작할 수 있도록 돕습니다.
- **뤼튼**과 같은 AI 도구는 사용자에게 적절한 유튜브 제목과 해시태그를 생성하여 콘텐츠의 검색 엔진 최적화(SEO)를 지원합니다.

2. 이미지 생성과 디자인
- **DALL·E**, 미드저니와 같은 생성형 AI 모델은 텍스트 설명을 기반으로 이미지를 생성할 수 있습니다. 이를 통해 디자이너와 콘텐츠 제작자는 신속하게 시각 자료를 생성하고, 아이디어를 시각적으로 표현할 수 있습니다.
- **PureRef**와 같은 도구는 생성된 이미지와 아이디어를 체계적으로 구성하고 시각적으로 관리하는 데 도움을 줍니다.

3. 영상 제작과 편집
- **CapCut**과 같은 AI 기반 영상 편집 도구는 영상 클립의 편집, 자동 자막 삽입, 자동 애니메이션 효과 적용 등을 통해 사용자들이 보다 쉽게 고품질의 영상을 제작할 수 있도록 지원합니다.
- AI 기술은 자동으로 장면 전환, 배경 음악 삽입, 색 보정 등 다양한 편집 작업을 수행하여 영상 제작의 효율성을 높입니다.

4. 오디오 제작

- **네이버 클로버 더빙**와 같은 AI 음성 합성 도구는 자연스러운 음성을 생성하여 콘텐츠에 생동감을 불어넣습니다. 이를 통해 팟캐스트, 오디오북, 영상 내레이션 등 다양한 오디오 콘텐츠를 쉽게 제작할 수 있습니다.

5. 콘텐츠 배포 및 공유

- **유튜브 업로드와 최적화**를 위한 AI 도구들은 적절한 제목, 설명, 태그를 추천하고, 미러캔버스를 활용해 클릭을 유도하는 썸네일을 제작합니다. 이는 콘텐츠의 가시성을 높이고 더 많은 관객에게 도달할 수 있도록 돕습니다.

AI 기술과 미래의 미디어 콘텐츠 제작

AI 기술의 발전은 미디어 콘텐츠 제작의 미래에 다음과 같은 변화를 가져올 것으로 기대됩니다.

1. 더욱 개인화된 콘텐츠

- AI는 사용자 데이터를 분석하여 개인의 취향과 관심사에 맞춘 맞춤형 콘텐츠를 제작할 수 있습니다. 이는 마케팅, 교육, 엔터테인먼트 등 다양한 분야에서 사용자의 만족도를 극대화하는 데 기여할 것입니다.

2. 실시간 협업과 자동화

- AI 기반의 협업 도구들은 팀원 간의 실시간 협업을 지원하며, 자동화된 작업 분배와 실시간 피드백 제공 등을 통해 프로젝트의 효율성을 높일 것입니다. 이를 통해 원격 근무 환경에서도 효과적인 협업이 가능해질 것입니다.

3. 창의력 증강

- AI는 창의적인 아이디어를 제시하고, 이를 시각적으로 표현하는 과정을 도와줌으로써 인간의 창의력을 증강시킵니다. AI와 인간의 협업을 통해 더욱 혁신적이고 독창적인 콘텐츠가 탄생할 것입니다.

4. 몰입형 콘텐츠 제작

- 가상 현실(VR)과 증강 현실(AR) 기술이 AI와 결합되어 더욱 몰입감 있는 콘텐츠를 제작할 수 있게 됩니다. 이는 교육, 게임, 마케팅 등 다양한 분야에서 사용자 경험을 혁신적으로 변화시킬 것입니다.

5. 자동 번역과 다국어 지원

- AI 기반의 자동 번역 기술은 다양한 언어로 콘텐츠를 쉽게 변환하여 글로벌 시장에서의 접근성을 높입니다. 이를 통해 콘텐츠 제작자는 더 넓은 시청자층을 대상으로 활동할 수 있습니다.

6. 지속적인 학습과 개선

- AI는 지속적으로 사용자 피드백을 학습하여 콘텐츠 제작 과정을 개선하고, 더 나은 품질의 콘텐츠를 제공할 수 있습니다. 이는 AI 모델의 성능 향상과 더불어 콘텐츠 제작의 효율성을 높이는 데 기여할 것입니다.

출처 / 픽사베이

결론

AI 기술은 미디어 콘텐츠 제작의 현재와 미래에 중요한 역할을 하고 있습니다. 현재 AI는 다양한 도구와 기술을 통해 콘텐츠 기획, 이미지 생성, 영상 편집, 오디오 삽입 등 모든 단계를 혁신적으로 변화시키고 있습니다. 미래에는 더욱 개인화된 콘텐츠, 실시간 협업, 창의력 증강, 몰입형 콘텐츠 제작 등 AI 기술의 발전이 미디어 콘텐츠 제작에 더욱 큰 영향을 미칠 것입니다. 이 책은 이러한 AI 기술을 활용하여 독자들이 혼자서도 고품질의 미디어 콘텐츠를 제작할 수 있도록 돕고자 합니다.

PART1

GPT 소개 및 기본 개념

GPT 프롬프트 작성방법

GPT를 활용한 콘텐츠 기획과 스토리보드 작성하기

GPT 소개 및 기본 개념

1. GPT란 무엇인가?

GPT(Generative Pre-trained Transformer)는 OpenAI에서 개발한 언어 모델 시리즈로, 인공지능이 자연어를 이해하고 생성하는 데 혁신적인 도약을 이뤘습니다. GPT는 사람처럼 글을 읽고 쓸 수 있는 능력을 갖춘 모델로, 텍스트 데이터를 기반으로 학습하여 다양한 언어 작업을 수행할 수 있습니다.

출처 / ChatGPT 홈페이지

2. GPT의 역사와 발전

GPT의 발전 과정은 다음과 같습니다:

- **GPT-1**: 2018년에 발표된 첫 번째 모델로, 대규모 텍스트 데이터로 사전 훈련된 후 특정 작업에 맞게 미세 조정된 모델입니다.

- **GPT-2**: 2019년에 발표되었으며, GPT-1보다 훨씬 큰 모델로, 15억 개 이상의 매개변수를 사용하여 더 정교한 언어 생성 능력을 보였습니다.
- **GPT-3**: 2020년에 공개된 GPT-3는 1750억 개의 매개변수를 가진 초대형 모델로, 다양한 언어 작업에서 인간과 유사한 수준의 텍스트 생성을 가능하게 했습니다.
- **GPT-4**: GPT-3의 후속 모델로, 더 많은 매개변수와 향상된 성능을 제공하며, 더 넓은 범위의 작업에서 뛰어난 결과를 보여줍니다.
- **GPT 4o**: 텍스트, 음성, 이미지, 비디오 등 다양한 데이터를 실시간으로 처리하는 AI 기술로, 교육, 의료, 예술 등 다양한 분야에서 혁신적인 솔루션을 제공합니다. 'Omni'를 의미하는 'o'는 이 모델의 포괄적인 기능을 상징합니다.

3. GPT의 작동 원리

GPT는 트랜스포머(Transformer) 아키텍처를 기반으로 하며, 이는 다음과 같은 방식으로 작동합니다:

- **사전 훈련(Pre-training)**: 대규모 텍스트 데이터를 사용하여 언어 모델을 사전 훈련합니다. 이 과정에서 모델은 문맥을 이해하고 다음 단어를 예측하는 법을 배웁니다.
- **미세 조정(Fine-tuning)**: 사전 훈련된 모델을 특정 작업에 맞게 미세 조정합니다. 예를 들어, 문서 요약, 번역, 질문 답변 등 다양한 작업에 맞게 모델을 추가로 학습시킵니다.

4. GPT의 주요 특징

GPT 모델의 주요 특징은 다음과 같습니다:

- **자연스러운 언어 생성**: GPT는 문맥을 이해하고 일관된 텍스트를 생성하는 데 뛰어납니다.
- **다양한 작업 수행**: 텍스트 요약, 번역, 질문 답변, 스토리 생성 등 다양한 언어 작업을 수행할 수 있습니다.
- **대화형 인터페이스**: 사용자와 자연스럽게 대화하며, 질문에 답하고 정보를 제공할 수 있습니다.

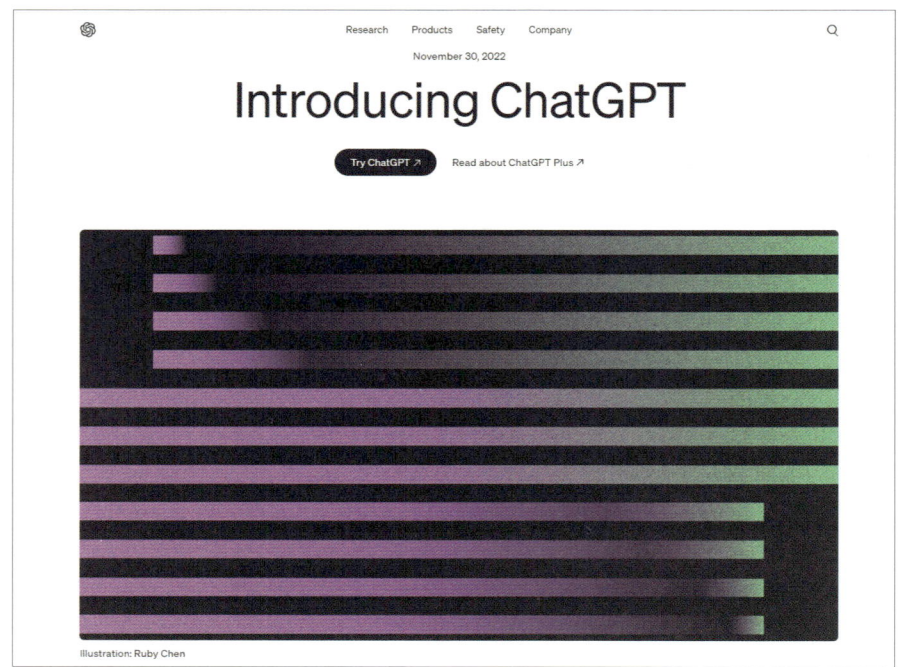

출처 / ChatGPT 홈페이지

5. GPT의 활용 사례

GPT는 다양한 분야에서 활용될 수 있습니다:

- **콘텐츠 작성**: 블로그 글, 기사, 광고 문구 등을 자동으로 작성합니다.
- **고객 지원**: 고객의 질문에 실시간으로 답변하는 챗봇을 구축할 수 있습니다.
- **창의적 글쓰기**: 소설, 시, 대본 등의 창의적인 글을 작성하는 데 도움을 줍니다.
- **번역**: 다양한 언어 간의 번역 작업을 수행합니다.
- **교육**: 학습 자료를 생성하고, 학생들의 질문에 답변하는 등 교육 분야에서 활용됩니다.

6 GPT 사용의 한계와 윤리적 고려사항

GPT를 사용할 때는 몇 가지 한계와 윤리적 고려사항을 염두에 두어야 합니다:

- **편향성**: 훈련 데이터의 편향으로 인해 생성된 텍스트에도 편향이 반영될 수 있습니다.
- **사실성 검증**: GPT가 생성하는 텍스트는 사실과 다를 수 있으므로, 생성된 정보를 사실과 비교하여 검증해야 합니다.
- **프라이버시**: 개인 정보 보호를 위해 민감한 정보를 다룰 때 주의가 필요합니다.

GPT 프롬프트 작성방법과 활용

1. 창의적인 아이디어 발굴의 중요성
창의적인 아이디어는 미디어 콘텐츠 제작의 핵심입니다. 독창적인 콘텐츠는 사람들의 관심을 끌고, 차별화된 가치를 제공합니다. GPT와 같은 AI 도구는 이러한 창의적인 아이디어를 발굴하는 과정을 효율적으로 도울 수 있습니다.

2. GPT를 활용한 아이디어 생성의 기본 원리
GPT를 활용하여 아이디어를 생성하는 기본 원리는 다음과 같습니다:

- **프롬프트 작성**: GPT에게 아이디어를 요청하는 프롬프트(입력 문장)를 작성합니다. 프롬프트는 명확하고 구체적일수록 좋은 결과를 얻을 수 있습니다.
- **반응 분석**: GPT가 생성한 여러 아이디어를 분석하고, 가장 적합한 아이디어를 선택합니다.
- **확장 및 조정**: 선택한 아이디어를 확장하거나 조정하여 구체적인 콘텐츠로 발전시킵니다.

출처 / GPT홈페이지

GPT 프롬프트 작성 Tip

1. 명확하고 구체적으로 작성:
- 모호한 질문보다는 명확하고 구체적인 질문을 던지면 원하는 정보를 얻기 쉽습니다. 예를 들어, "날씨는?"보다는 "서울의 오늘 날씨는?"이 더 좋습니다.

2. 컨텍스트 제공:
- 질문에 대한 배경 정보나 구체적인 상황을 제공하면 더 정확한 답변을 받을 수 있습니다. 예를 들어, "재미있는 이야기를 해줘"보다는 "어린이를 위한 재미있는 이야기를 해줘"가 더 구체적입니다.

3. 단계별 요청:
- 복잡한 질문은 단계를 나누어 묻는 것이 좋습니다. 예를 들어, "역사적인 사건에 대해 설명하고 그 영향에 대해 논의해줘"보다는 "역사적인 사건을 설명해줘. 그런 다음 그 사건의 영향을 논의해줘"와 같이 단계별로 묻는 것이 좋습니다.

4. 예시 제공:
- 원하는 답변의 형식이나 예시를 제공하면 원하는 답변을 얻기 쉽습니다. 예를 들어, "회의록 작성 예시를 보여줘"라고 요청할 수 있습니다.

5. 적절한 길이 조절:
- 질문이 너무 길면 요점을 잃을 수 있고, 너무 짧으면 충분한 정보를 제공하지 못할 수 있습니다. 적절한 길이로 질문을 작성하세요.

6. 피드백 요청:
- 답변이 만족스럽지 않을 경우, 추가 질문을 통해 더 구체적인 정보를 요청하세요. 예를 들어,

"이 부분을 더 자세히 설명해줘"라고 요청할 수 있습니다.

예시:

- 불명확한 질문: "건강에 좋은 음식이 뭐야?"

- 명확한 질문: "다이어트에 도움이 되는 건강한 음식 몇 가지를 알려줘"

이러한 방법들을 통해 GPT 프롬프트를 작성하면 보다 유용하고 정확한 답변을 얻을 수 있습니다.

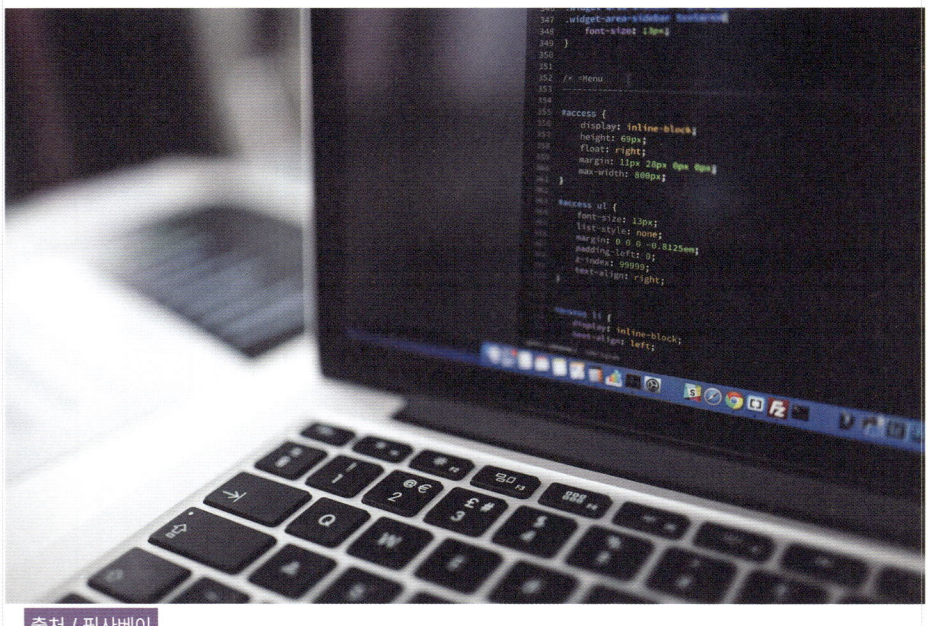

출처 / 픽사베이

2. GPT를 활용한 아이디어 발굴 단계

1. 프롬프트 작성

프롬프트 작성은 창의적인 아이디어 발굴의 첫 단계입니다. 다음은 효과적인 프롬프트 작성 방법입니다:

- **명확한 질문**: 원하는 아이디어의 종류나 주제를 명확하게 묻습니다.
  - **예**: "새로운 유튜브 채널 아이디어를 제안해 주세요."
- **구체적인 조건 추가**: 아이디어에 필요한 특정 조건이나 요소를 추가합니다.
  - **예**: "음악을 주제로 한 유튜브 채널 아이디어를 제안해 주세요."
- **예시 제공**: 원하는 답변의 형식을 예시로 제공하여 GPT의 이해를 돕습니다.
  - **예**: "음악을 주제로 한 유튜브 채널 아이디어를 제안해 주세요. 예를 들어, '신곡 리뷰', '음악 역사 탐방' 등의 형식으로."

2. 반응 분석

GPT가 생성한 아이디어를 분석하는 단계입니다. 다음 기준을 고려합니다:

- **독창성**: 아이디어가 얼마나 참신하고 새로운지 평가합니다.
- **실현 가능성**: 아이디어를 실제로 실행할 수 있는지 검토합니다.
- **관객의 관심**: 잠재적인 관객들이 흥미를 가질 만한 아이디어인지 판단합니다.

3. 확장 및 조정

선택한 아이디어를 구체화하는 단계입니다. 다음 방법을 활용합니다:

- **세부 사항 추가**: 아이디어를 구체화하기 위해 필요한 세부 사항을 추가합니다.

- 예: "음악 역사 탐방"이라는 아이디어를 구체화하여 각 에피소드에서 특정 시대의 음악을 다루는 형식으로 발전시킵니다.
- **구조화**: 아이디어를 콘텐츠 구조에 맞게 정리합니다.
- 예: 에피소드별 주제, 형식, 길이 등을 정합니다.
- **피드백 받기**: 아이디어에 대한 외부 피드백을 받아 개선합니다.

출처 / 픽사베이

4. GPT 활용 사례

4.1 블로그 글 아이디어 생성

프롬프트: "기술 블로그를 위한 새로운 주제 아이디어를 제안해 주세요."

GPT 응답 예시:

- "AI를 활용한 미래의 직업들"
- "블록체인 기술의 현재와 미래"
- "사이버 보안의 중요성과 최신 동향"

4.2 유튜브 채널 아이디어 생성

프롬프트: "청소년을 위한 교육 유튜브 채널 아이디어를 제안해 주세요."

GPT 응답 예시:

- "과학 실험의 원리와 재미있는 실험 소개"
- "역사 속 인물들의 흥미로운 이야기"
- "일상생활에서 배우는 수학 원리"

4.3 소설 스토리 아이디어 생성

프롬프트: "판타지 소설의 새로운 스토리 아이디어를 제안해 주세요."

GPT 응답 예시:

- "마법 학교에서 벌어지는 신비로운 모험"
- "잃어버린 왕국을 찾아 떠나는 젊은 영웅"
- "고대 유물을 둘러싼 음모와 전쟁"

5 실습: GPT로 아이디어 발굴하기

5.1 실습 목표

GPT를 활용하여 자신만의 창의적인 아이디어를 발굴하고 구체화합니다.

5.2 실습 과정

① **프롬프트 작성:** 원하는 아이디어 주제와 조건을 포함한 프롬프트를 작성합니다.

② **아이디어 생성:** GPT에게 프롬프트를 입력하고, 생성된 아이디어를 분석합니다.

③ **아이디어 선택:** 생성된 아이디어 중 가장 적합한 것을 선택합니다.

④ **아이디어 확장:** 선택한 아이디어를 구체화하고, 콘텐츠로 발전시킵니다.

5.3 실습 예제

프롬프트: "환경 보호를 주제로 한 유튜브 채널 아이디어를 제안해 주세요."

GPT 응답 예시:

- "지구를 지키는 작은 실천들: 일상에서 할 수 있는 환경 보호 활동"

- "기후 변화의 과학: 왜 중요한가?"

- "재활용의 예술: 쓰레기를 예술 작품으로 변신시키기"

추가 Tip

AI 모델을 웹 브라우저에 통합하여 실시간 웹 검색 기능을 제공하는 WebChatGPT 플러그인을 활용하기

1. WebChatGPT 플러그인 설치

① **Chrome 웹 스토어 방문**: Google Chrome 브라우저를 열고 [Chrome 웹 스토어](https://chrome.google.com/webstore/category/extensions)에 접속합니다.

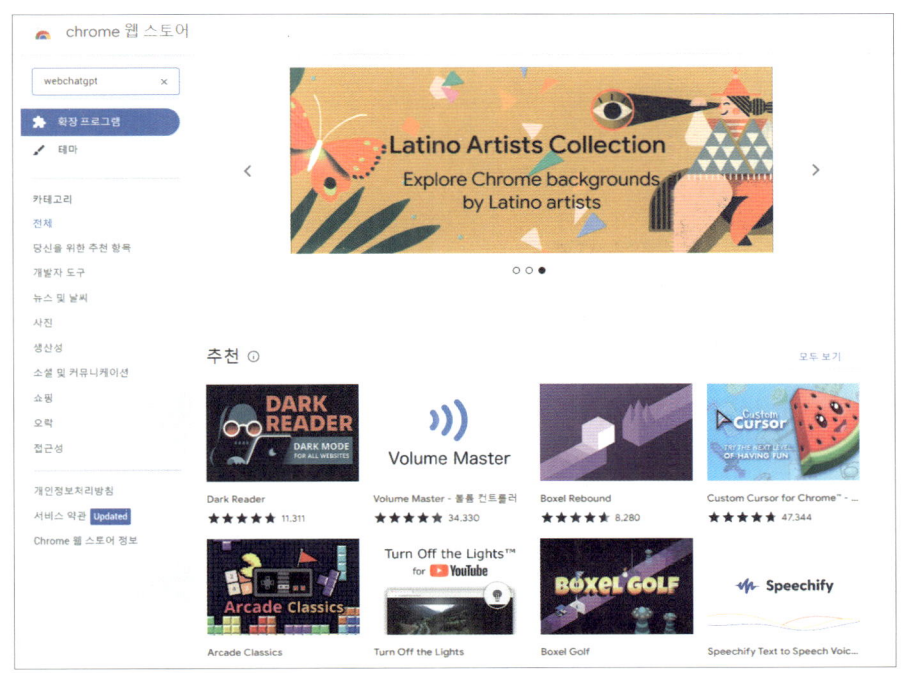

출처 / 크롬 웹 스토어 홈페이지

② **WebChatGPT 검색**: 검색 창에 "WebChatGPT"를 입력하고 엔터를 누릅니다.

③ **플러그인 선택**: 검색 결과에서 "WebChatGPT" 플러그인을 찾아 선택합니다.

④ **설치**: 플러그인 페이지에서 "추가" 버튼을 클릭한 후, 나타나는 팝업에서 "확장 프로그램 추가"를 클릭하여 설치를 완료합니다.

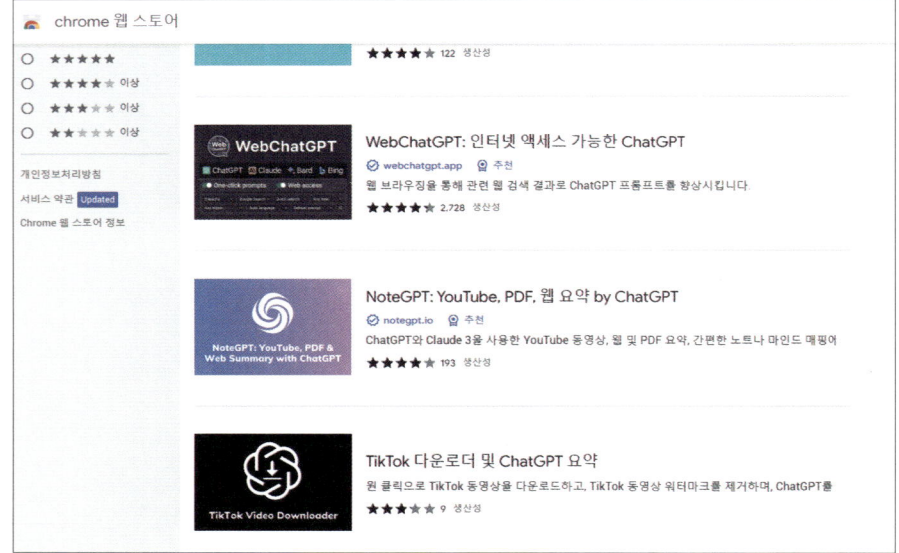

2. WebChatGPT 설정

① **확장 프로그램 아이콘**: 설치가 완료되면, Chrome 브라우저 우측 상단에 있는 퍼즐 모양의 아이콘을 클릭하여 확장 프로그램 목록을 엽니다.

② **WebChatGPT 아이콘 고정**: WebChatGPT 아이콘 옆의 핀 아이콘을 클릭하여 고정하면 더 쉽게 접근할 수 있습니다.

③ **초기 설정**: 아이콘을 클릭하여 WebChatGPT 확장 프로그램을 실행하고, 초기 설정을 완료합니다. 이 과정에서는 API 키 입력 또는 로그인 등이 필요할 수 있습니다.

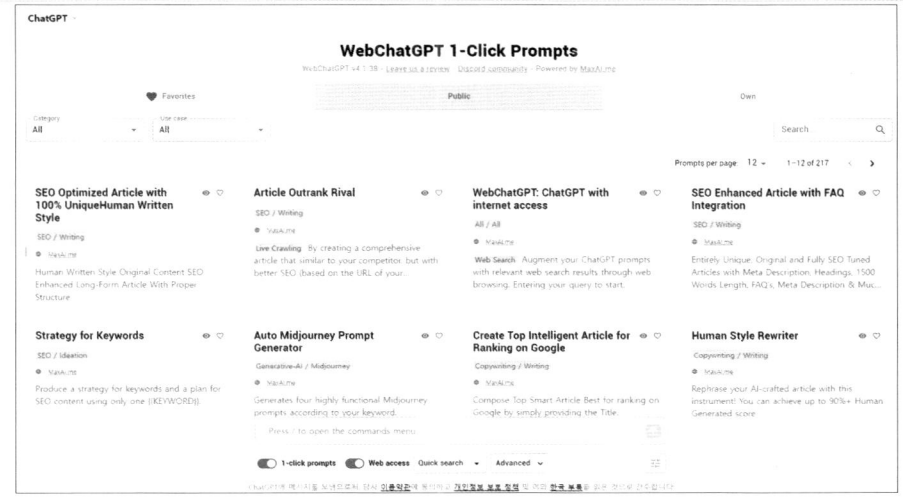

3. WebChatGPT 사용 방법

① **WebChatGPT 실행**: 확장 프로그램 아이콘을 클릭하여 WebChatGPT를 실행합니다.

② **채팅 시작**: 채팅 창이 열리면, 질문이나 검색어를 입력하여 실시간 웹 검색을 시작합니다.

③ **결과 확인**: 입력한 질문에 대한 답변과 함께 실시간으로 웹에서 검색된 정보가 제공됩니다.

4. WebChatGPT 기능

① **실시간 웹 검색**: 질문을 입력하면, WebChatGPT가 실시간으로 웹을 검색하여 관련 정보를 제공합니다.

② **대화 형식**: 사용자는 대화 형식으로 질문을 입력하고, AI와 상호작용할 수 있습니다.

③ **정보 업데이트**: AI 모델의 정적 데이터 외에도, 최신 정보와 트렌드를 반영한 답변을 받을 수 있습니다.

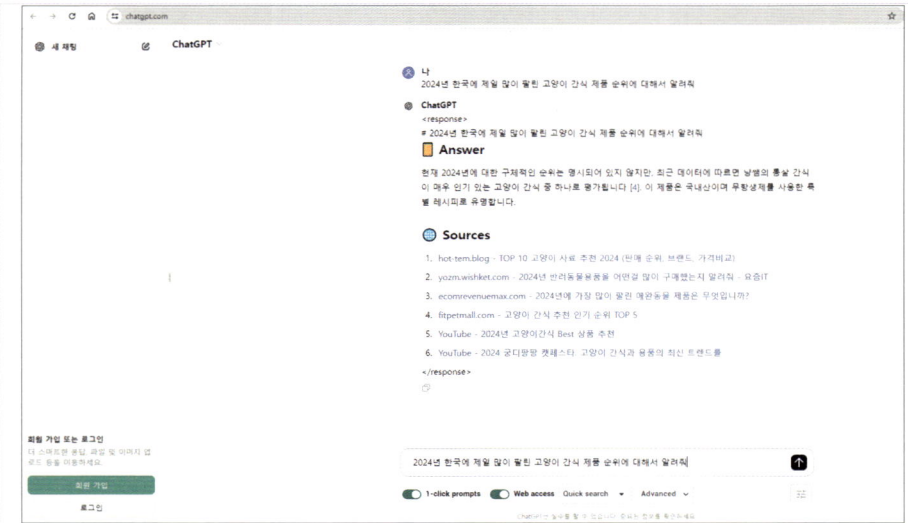

5. 주의사항 및 Tip

① **정확성 확인**: WebChatGPT가 제공하는 정보는 실시간 웹 검색을 기반으로 하므로, 중요한 정보는 항상 출처를 확인하고 검증하는 것이 좋습니다.

② **개인 정보 보호**: 웹 검색 결과와 AI와의 대화 내용이 저장될 수 있으므로, 개인 정보 보호에 유의하세요.

③ **업데이트 확인**: 정기적으로 WebChatGPT 확장 프로그램을 업데이트하여 최신 기능과 보안 패치를 적용하세요.

추가 Tip!!

필자가 만든 GPTS에서 만든 "AI를 활용한 쉬운 미디어콘텐츠 제작" 챗봇을 활용해서 미디어콘텐츠에 대한 궁금한 부분과 아이디어를 찾고 싶은 방문해서 활용하시면 됩니다.

>>>> url.kr/8aMrJF

1. **콘텐츠 아이디어 찾기**: 어떤 주제의 콘텐츠를 만들면 좋을지, 트렌드를 반영한 아이디어를 제안합니다.
2. **콘텐츠 제작 도구 추천**: 영상 편집, 그래픽 디자인, 음악 제작 등 다양한 미디어 콘텐츠 제작 도구를 추천해드립니다.
3. **AI 활용법**: AI를 이용해 콘텐츠 제작을 효율적으로 할 수 있는 방법을 안내합니다.
4. **제작 과정 조언**: 콘텐츠 기획부터 최종 편집까지의 단계별 Tip과 조언을 제공합니다.
5. **콘텐츠 배포 및 마케팅**: 제작한 콘텐츠를 효과적으로 배포하고 홍보하는 방법을 제안합니다.

GPT를 활용한 콘텐츠 기획과 스토리보드 작성하기

1장 GPT를 활용한 브레인스토밍

브레인스토밍은 창의적인 아이디어를 발굴하는 데 중요한 역할을 합니다. GPT와 같은 인공지능 도구는 브레인스토밍 과정에서 효율성을 높이고 다양한 관점을 제시할 수 있습니다. 이 장에서는 GPT를 활용한 브레인스토밍 기법과 고양이에 대한 브레인스토밍 예시를 다루겠습니다.

브레인스토밍 기법

① 주제 설정
 - 브레인스토밍을 시작하기 전에 명확한 주제를 설정합니다. 예를 들어, "고양이 입양 과정"이 주제가 될 수 있습니다.

② 키워드 수집
 - 주제와 관련된 주요 키워드를 수집합니다. 이는 아이디어의 방향을 정하는 데 도움이 됩니다. 예를 들어, "입양", "준비물", "적응" 등이 포함될 수 있습니다.

③ GPT 활용
 - GPT에게 주제와 키워드를 입력하여 다양한 아이디어를 생성합니다. 예를 들어, "고양이 입양 과정을 위한 아이디어를 제안해줘"라고 입력할 수 있습니다.

④ 아이디어 필터링 및 정리
 - GPT가 생성한 아이디어 중 유용한 아이디어를 필터링하고 정리합니다. 불필요하거나 중복된 아이디어는 제외합니다.

⑤ 구체화 및 적용
- 정리된 아이디어를 구체화하고 실제 프로젝트나 콘텐츠에 적용합니다. 이를 통해 브레인스토밍 결과를 실질적인 계획으로 발전시킬 수 있습니다.

출처 / 픽사베이

고양이에 대한 GPT 브레인스토밍 예시

주제: 고양이 입양 과정

키워드 수집:

- 입양 / 준비물 / 적응 / 건강관리 / 놀이 / 사회화

GPT 활용 아이디어 생성:

- 고양이 입양 절차 설명

- 입양 전 준비해야 할 물품 리스트

- 고양이의 새로운 집 적응 Tip

- 고양이의 초기 건강관리 방법

- 고양이와의 놀이 방법 및 장난감 추천

- 다른 애완동물과의 사회화 방법

아이디어 필터링 및 정리:

① 고양이 입양 절차 설명

  - 지역 입양 센터 방문

  - 고양이 선택

  - 입양 서류 작성 및 절차

② 입양 전 준비해야 할 물품 리스트

  - 고양이 침대

  - 사료 및 물 그릇

  - 화장실 및 모래

  - 장난감

③ 고양이의 새로운 집 적응 Tip

  - 첫날 고양이를 위한 조용한 공간 제공

  - 고양이와의 유대감 형성

  - 집안 안전 점검

④ 고양이의 초기 건강관리 방법

  - 첫 동물병원 방문

  - 예방 접종 및 건강 체크

  - 영양가 있는 사료 선택

⑤ 고양이와의 놀이 방법 및 장난감 추천

  - 다양한 장난감 소개

  - 고양이와의 상호작용 놀이 방법

  - 놀이 시간을 통해 에너지 소모

⑥ 다른 애완동물과의 사회화 방법

  - 첫 만남 준비

  - 서서히 상호작용 시간 늘리기

  - 긍정적인 상호작용을 장려

2장 GPT 활용해서 콘텐츠 기획의 타켓 대상 분석과 예측

1. 타겟 연령:

- **청소년 (13-18세):** 이 연령대는 새로운 경험과 학습에 관심이 많습니다. 귀엽고 감동적인 요소를 강조한 콘텐츠가 효과적입니다.
- **청년 (19-30세):** 독립적으로 생활을 시작하면서 반려동물에 대한 관심이 높아지는 시기입니다. 입양 절차와 실질적인 Tip을 제공하는 것이 유용합니다.
- **중년 (31-50세):** 가족과 함께 반려동물을 키우는 경우가 많습니다. 가족 전체가 함께 할 수 있는 활동이나 고양이와의 유대감을 강조한 콘텐츠가 좋습니다.

2. 성비:

- **여성:** 고양이에 대한 콘텐츠는 일반적으로 여성 시청자들에게 인기가 높습니다. 감성적이고 세심한 접근이 효과적입니다.
- **남성:** 실용적이고 구체적인 정보, 특히 건강관리나 놀이 방법에 관한 콘텐츠가 남성 시청자에게 유용할 수 있습니다.

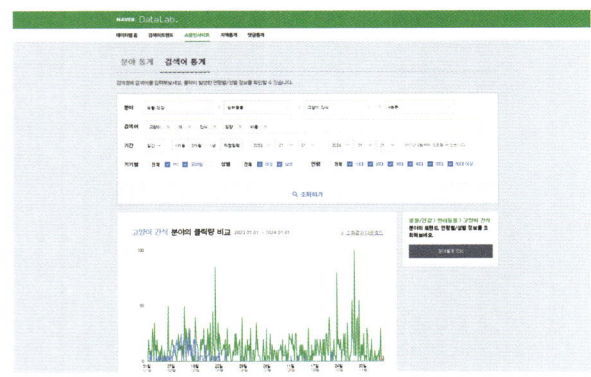

출처 / 네이버 데이터랩

네이버 데이터랩을 통해서도 기획하고 있는 콘텐츠의 검색량과 월별, 남녀별, 나이별 데이터량을 확인할 수 있습니다.

SWOT 분석을 통한 고양이 콘텐츠 내용

SWOT 분석은 Strengths(강점), Weaknesses(약점), Opportunities(기회), Threats(위협)를 분석하여 콘텐츠 기획에 도움이 됩니다. 고양이 입양 관련 콘텐츠의 SWOT 분석은 다음과 같습니다.

Strengths (강점)

① **높은 관심도:** 반려동물에 대한 관심이 증가하면서 고양이 관련 콘텐츠의 수요가 높습니다.
② **감성적 요소:** 고양이의 귀여움과 감동적인 입양 이야기는 시청자들에게 강한 감정적 반응을 일으킬 수 있습니다.
③ **다양한 정보 제공:** 입양 과정, 건강관리, 놀이 방법 등 다양한 정보를 제공하여 콘텐츠의 깊이를 더할 수 있습니다.

Weaknesses (약점)

① **경쟁 콘텐츠:** 반려동물 관련 콘텐츠가 많아 차별화가 필요합니다.
② **구체적인 정보 필요:** 고양이 입양에 관한 정확하고 구체적인 정보가 부족할 경우 신뢰도를 잃을 수 있습니다.
③ **긴 제작 시간:** 콘텐츠 제작에 시간과 노력이 많이 들어갈 수 있습니다.

Opportunities (기회)

① **1인 미디어의 성장:** 1인 미디어와 유튜브 등의 플랫폼에서 고양이 콘텐츠의 성장 가능성이 큽니다.
② **AI 도구 활용:** GPT, DALL·E, CapCut 등의 AI 도구를 활용하여 콘텐츠 제작의 효율성을 높일 수 있습니다.
③ **브랜드 협업:** 반려동물 용품 브랜드와의 협업을 통해 콘텐츠를 확장하고 수익을 창출할 수 있습니다.

Threats (위협)

① **빠른 트렌드 변화:** 반려동물 관련 트렌드가 빠르게 변할 수 있어 지속적인 트렌드 파악이 필요합니다.

② **정확성 요구:** 잘못된 정보 제공 시 시청자들의 신뢰를 잃을 수 있습니다.

③ **법적 이슈:** 동물 보호법 관련 문제나 저작권 문제에 주의해야 합니다.

구체화 및 적용:

위의 SWOT 분석을 통해 강점을 극대화하고 약점을 보완하며, 기회를 활용하고 위협을 최소화하는 방향으로 콘텐츠를 기획합니다. 예를 들어, AI 도구를 활용하여 제작 시간을 줄이고, 정확한 정보를 제공하기 위해 전문가의 도움을 받는 등의 방법을 사용할 수 있습니다.

이처럼 GPT를 활용한 브레인스토밍과 SWOT 분석을 통해 고양이 입양 관련 콘텐츠를 기획하면, 타겟 시청자들에게 맞춤형 콘텐츠를 제공할 수 있으며, 성공적인 콘텐츠 제작에 도움이 됩니다.

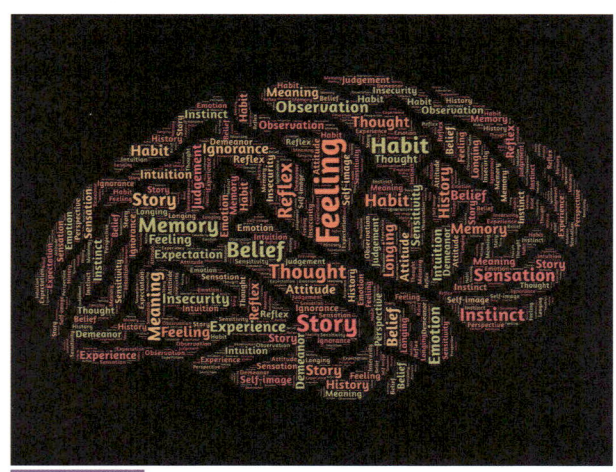

출처 / 픽사베이

3장 스토리보드 작성 시 유의사항과 기입할 내용 방법

스토리보드는 영상이나 애니메이션 제작의 기초 단계로, 각 장면을 시각적으로 표현하고 설명하는 역할을 합니다. 이 장에서는 스토리보드 작성 시 유의해야 할 사항과 각 장면에 기입할 내용 방법을 설명합니다.

1. 스토리보드 작성의 중요성

- **기획과 커뮤니케이션 도구**: 스토리보드는 프로젝트의 전반적인 구조를 시각적으로 표현하여 팀 내외의 이해를 돕고, 효과적인 커뮤니케이션 도구로 사용됩니다.
- **사전 시각화**: 각 장면을 미리 시각화하여 문제점을 사전에 발견하고, 수정할 수 있습니다.

2. 스토리보드 작성 시 유의사항

① **명확한 목표 설정**: 각 장면이 전달하려는 메시지나 감정을 명확히 설정합니다.
② **단순하고 명확하게**: 복잡한 장면보다는 이해하기 쉬운 단순한 그림으로 표현합니다.
③ **일관성 유지**: 캐릭터, 배경, 색상 등의 일관성을 유지하여 스토리의 흐름이 자연스럽게 연결되도록 합니다.
④ **디테일한 설명**: 각 장면의 주요 요소와 동작, 대사 등을 구체적으로 기입합니다.
⑤ **피드백 반영**: 스토리보드는 여러 번의 수정 과정을 거쳐야 하므로, 팀원이나 클라이언트의 피드백을 적극 반영합니다.

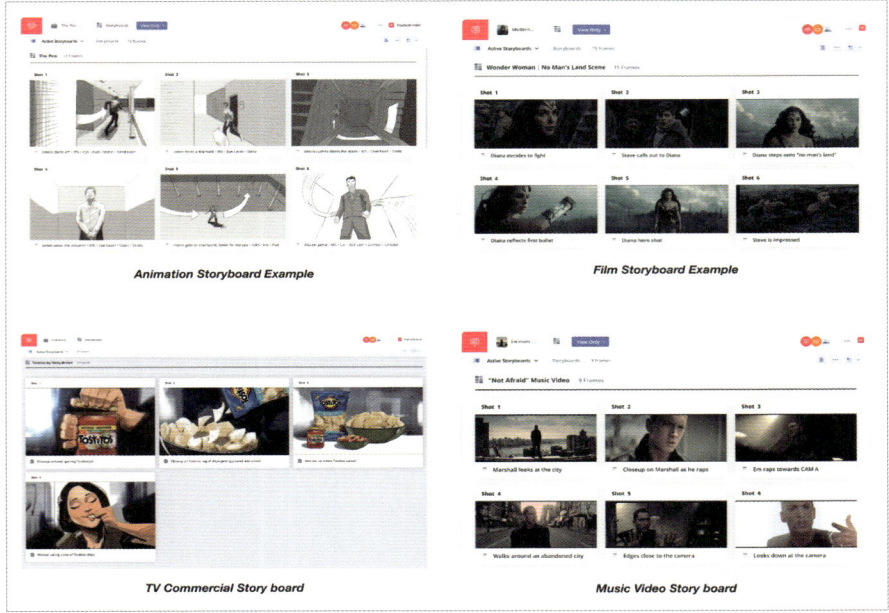

출처/ https://www.studiobinder.com/#shot-lists

3. 스토리보드에 기입할 내용 방법

① **장면 번호**: 각 장면에 고유한 번호를 부여하여 쉽게 참조할 수 있도록 합니다.

② **화면 프레임**: 각 장면을 사각형 프레임 안에 그림으로 표현합니다.

③ **장면 설명**: 프레임 아래나 옆에 장면에 대한 설명을 기입합니다.

 - **캐릭터 동작**: 캐릭터의 주요 동작이나 위치를 설명합니다.

 - **배경 설명**: 배경의 주요 요소나 변화에 대해 설명합니다.

 - **대사 및 자막**: 해당 장면에서 사용될 대사나 자막을 기입합니다.

④ **카메라 움직임**: 카메라의 이동, 줌 인/아웃, 팬 등의 움직임을 설명합니다.

⑤ **타이밍**: 각 장면의 대략적인 지속 시간을 기입합니다.

⑥ **음향 효과**: 해당 장면에서 필요한 배경음악이나 음향 효과를 설명합니다.

| PROJECT _____ | SCENE _____ | PAGE ____ of ____ |

SHOT #: ☐ ECU ☐ CU ☐ MCU ☐ MS ☐ WS ☐ EWS

SHOT #: ☐ ECU ☐ CU ☐ MCU ☐ MS ☐ WS ☐ EWS

SHOT #: ☐ ECU ☐ CU ☐ MCU ☐ MS ☐ WS ☐ EWS

studiobinder

Create your free storyboard at studiobinder.com

출처/ https://www.studiobinder.com/#shot-lists

4 실습: 스토리보드 작성해보기

- **실습 목표**: 스토리보드를 직접 작성해보면서 이론을 실제로 적용해봅니다.
- **준비물**: 스토리보드 템플릿, 펜, 아이디어
- **단계별 가이드**:

  ① **아이디어 선정**: 간단한 스토리나 아이디어를 정합니다.

  ② **스토리보드 템플릿 준비**: 제공된 템플릿을 사용합니다.

  ③ **각 장면 그리기**: 아이디어에 따라 각 장면을 템플릿에 그림으로 표현합니다.

  ④ **설명 기입**: 각 장면에 필요한 설명, 대사, 카메라 움직임 등을 기입합니다.

  ⑤ **피드백**: 작성한 스토리보드를 팀원이나 지인에게 보여주고 피드백을 받습니다.

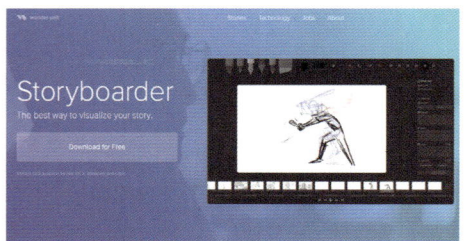

출처 / Wonder Unit 홈페이지

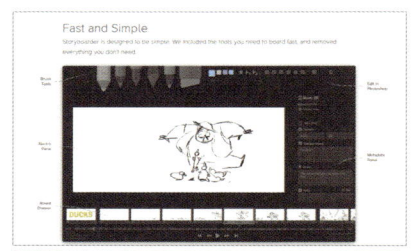

스토리보드 그릴 때 활용하는 무료 어플리케이션
https://wonderunit.com/storyboarder/

이 장을 통해 스토리보드 작성의 중요성과 기법을 이해하고, 직접 스토리보드를 작성해보며 실습을 통해 익힐 수 있습니다. 스토리보드의 드로잉을 대신해서 이미지 생성AI를 활용해서 스토리보드 시각화를 진행할 예정입니다.

PART 2

Bing Image Creator를 활용한 이미지 생성하기

Flair AI 소개 및 사용 방법

Haiper를 활용한 영상스타일 변경하기

Krea를 활용한 영상몰핑 제작하기

Bing Image Creator를 활용한 이미지 생성하기

Bing Image Creator 소개 및 기본 개념

Bing Image Creator는 Microsoft의 AI 기반 이미지 생성 도구로, Open AI의 Dall-E의 데이터를 사용해서 이미지를 무료로 생성해준다. 텍스트 설명을 입력하면 이에 맞는 이미지를 자동으로 생성해줍니다. 이 도구는 무료로 사용할 수 있지만 하루에 최대 15장의 이미지 생성 제한이 있습니다.

Bing Image Creator의 주요 기능:

- **텍스트 기반 이미지 생성**: 사용자가 입력한 텍스트 설명을 바탕으로 이미지를 생성합니다.
- **다양한 스타일 지원**: 다양한 스타일과 주제를 선택하여 원하는 이미지를 생성할 수 있습니다.

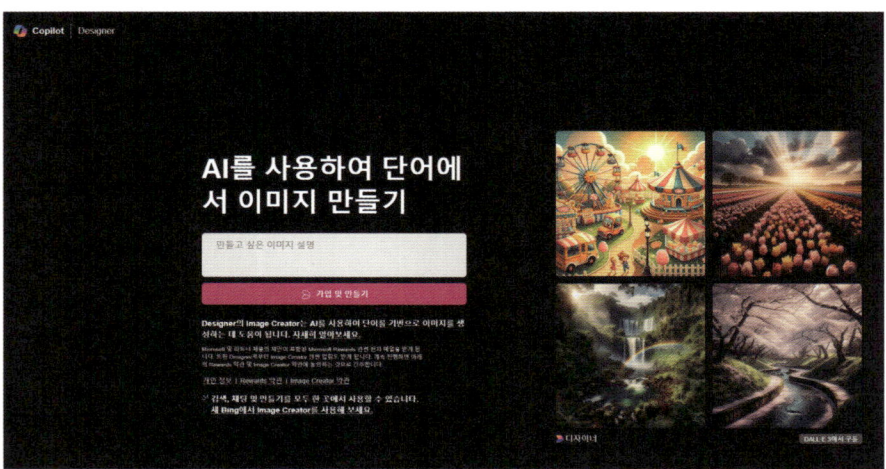

출처 / Bing Image Creator 홈페이지

Bing Image Creator의 프롬프트 문장 구조는 **형용사 + 명사 + 동사+스타일**로 구성해주어야 효과적으로 이미지가 생성이 됩니다.

예시 : 귀여운 고양이가 쇼파에 누워있는 모습, 디지털 아트 스타일

이미지 스타일

Bing Image Creator는 여러 가지 이미지 스타일을 제공하여, 사용자들이 원하는 느낌의 이미지를 쉽게 생성할 수 있습니다. 여기에서는 대표적인 이미지 스타일 몇 가지를 살펴보겠습니다.

1. 연필 스케치 스타일 (Pencil Sketch Style)

- **설명**: 이 스타일은 연필로 그린 듯한 느낌을 주며, 선명한 윤곽과 세부적인 디테일이 특징입니다.
- **용도**: 스토리보드, 컨셉 아트, 초기 디자인 작업 등에 유용합니다.
- **예시**: 고양이의 윤곽과 기본 형태를 연필로 그린 이미지.

2. 팝아트 스타일 (Pop Art Style)

- **설명**: 팝아트 스타일은 밝고 대담한 색상, 고대비 이미지, 그리고 반복적인 패턴이 특징입니다.
- **용도**: 포스터, 광고, 대중문화 콘텐츠 등에 적합합니다.
- **예시**: 고양이를 강렬한 색상과 도트 패턴으로 표현한 이미지.

3. 수채화 스타일 (Watercolor Style)

- **설명**: 수채화 스타일은 부드럽고 흐릿한 색상, 자연스러운 번짐 효과를 특징으로 합니다.
- **용도**: 예술적 표현, 감성적인 장면 연출 등에 유용합니다.
- **예시**: 고양이를 부드러운 색조와 물감의 번짐 효과로 표현한 이미지.

4. 만화 스타일 (Comic Style)

- **설명**: 만화 스타일은 선명한 윤곽선, 강한 색조, 그리고 과장된 표현이 특징입니다.

- **용도**: 그래픽 소설, 웹툰, 어린이 책 등에 적합합니다.
- **예시**: 고양이를 과장된 표정과 동작으로 그린 만화 이미지.

5. 리얼리즘 스타일 (Realism Style)

- **설명**: 리얼리즘 스타일은 실제 사진과 같은 세밀한 디테일과 정확한 색상을 특징으로 합니다.
- **용도**: 사실적인 표현이 필요한 모든 종류의 비주얼 콘텐츠에 유용합니다.
- **예시**: 고양이의 털과 눈동자까지 세밀하게 표현한 고해상도 이미지.

6. 추상화 스타일 (Abstract Style)

- **설명**: 추상화 스타일은 구체적인 형태나 피사체보다는 색상, 형태, 질감 등을 강조하는 표현 방식입니다.
- **용도**: 예술 작품, 배경 디자인, 독특한 시각적 효과가 필요한 경우에 적합합니다.
- **예시**: 고양이의 형태를 단순화하고 색상과 질감으로만 표현한 이미지.

출처 / Dall-e 매뉴얼

더 자세한 스타일은 Dall-e 매뉴얼 북 사이트에서 확인할 수 있습니다.

https://dallery.gallery/cgi-sys/suspendedpage.cgi

Bing Image Creator를 활용한 이미지 생성

1. Bing Image Creator에 접속하기

- **웹사이트 방문**: Bing Image Creator에 접속합니다. Bing의 AI 이미지 생성 기능은 Bing 검색 엔진에서 사용할 수 있습니다.
- **로그인**: Microsoft 계정으로 로그인합니다. 계정이 없으면 새로 생성할 수 있습니다.

2. 텍스트 설명 작성하기

고양이 입양 과정을 설명하는 이미지를 생성하기 위해 필요한 장면을 구체적으로 텍스트로 작성하고 만들기를 클릭합니다.

출처 / Bing Image Creator 홈페이지

장면별 텍스트 설명:

① 입양센터 도착
 - "고양이 입양 센터에 도착한 가족"

② 고양이와 첫 만남
 - "입양 센터에서 고양이를 처음 만나는 아이"

③ 고양이와 교감
 - "고양이를 안고 쓰다듬는 사람"

④ 입양 서류 작성
 - "입양 서류를 작성하는 부모"

⑤ 새 가족과의 첫 사진
 - "고양이와 함께 찍은 첫 가족 사진"

3. 텍스트 설명 입력 및 이미지 생성

각 장면에 대해 Bing Image Creator의 텍스트 입력란에 해당 설명을 입력하고 이미지를 생성합니다.

예시로 진행합니다

① 입양센터 도착
 - **텍스트 입력**: "고양이 입양 센터에 도착한 가족"
 - **이미지 생성 및 선택**: 생성된 이미지 중 가장 적합한 이미지를 선택하여 다운로드.

② 고양이와 첫 만남
 - **텍스트 입력**: "입양 센터에서 고양이를 처음 만나는 아이"
 - **이미지 생성 및 선택**: 생성된 이미지 중 가장 적합한 이미지를 선택하여 다운로드.

③ 고양이와 교감
 - **텍스트 입력**: "고양이를 안고 쓰다듬는 사람"
 - **이미지 생성 및 선택**: 생성된 이미지 중 가장 적합한 이미지를 선택하여 다운로드.

④ 입양 서류 작성

- **텍스트 입력**: "입양 서류를 작성하는 부모"
- **이미지 생성 및 선택**: 생성된 이미지 중 가장 적합한 이미지를 선택하여 다운로드.

⑤ 새 가족과의 첫 사진

- **텍스트 입력**: "고양이와 함께 찍은 첫 가족 사진"
- **이미지 생성 및 선택**: 생성된 이미지 중 가장 적합한 이미지를 선택하여 다운로드.

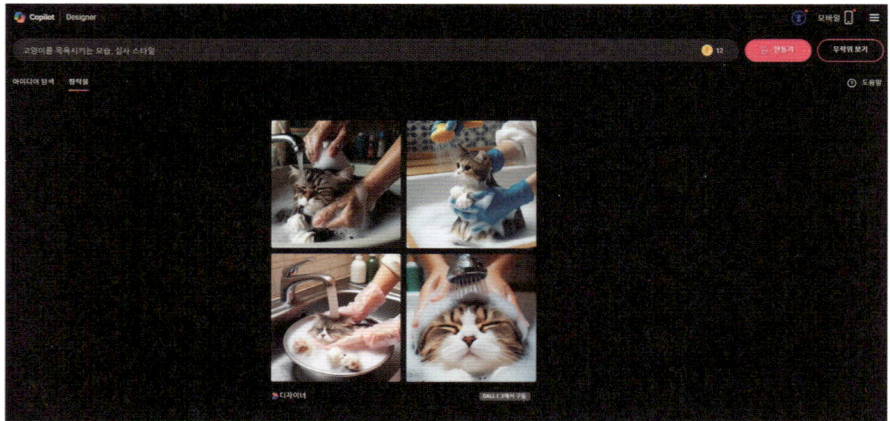

출처 / Bing Image Creator 홈페이지

4. 이미지 선택 및 저장

각 장면에 대한 이미지를 생성한 후, 원하는 이미지를 선택하고 저장합니다. 이미지들은 다양한 형식으로 저장하거나 다운로드할 수 있습니다.

5. 생성된 이미지 활용

다운로드한 이미지를 고양이 입양 과정을 설명하는 콘텐츠에 활용합니다. 이미지들은 문서, 프레젠테이션, 동영상 등 다양한 형식의 콘텐츠에 삽입할 수 있습니다.

6. 저작권 및 사용 권한 확인

생성된 이미지는 Bing Image Creator의 사용 약관에 따라 활용 가능하므로, 상업적 이용 시 저작권 및 사용 권한을 확인합니다. 개인이나 비상업적인 용도로 사용 시 저작권 문제되지는 않습니다.

Flair AI 소개 및 사용 방법

Flair AI 소개

Flair AI는 인공지능을 활용하여 광고 이미지를 생성해주는 혁신적인 도구입니다. 주로 광고, 마케팅, 소셜 미디어 콘텐츠 제작에 활용되며, 사용자는 간단한 텍스트 설명을 입력하여 원하는 스타일과 메시지를 담은 이미지를 손쉽게 제작할 수 있습니다. Flair AI는 사용자가 제공한 키워드와 설명을 기반으로 독창적이고 시각적으로 매력적인 광고 이미지를 생성합니다.

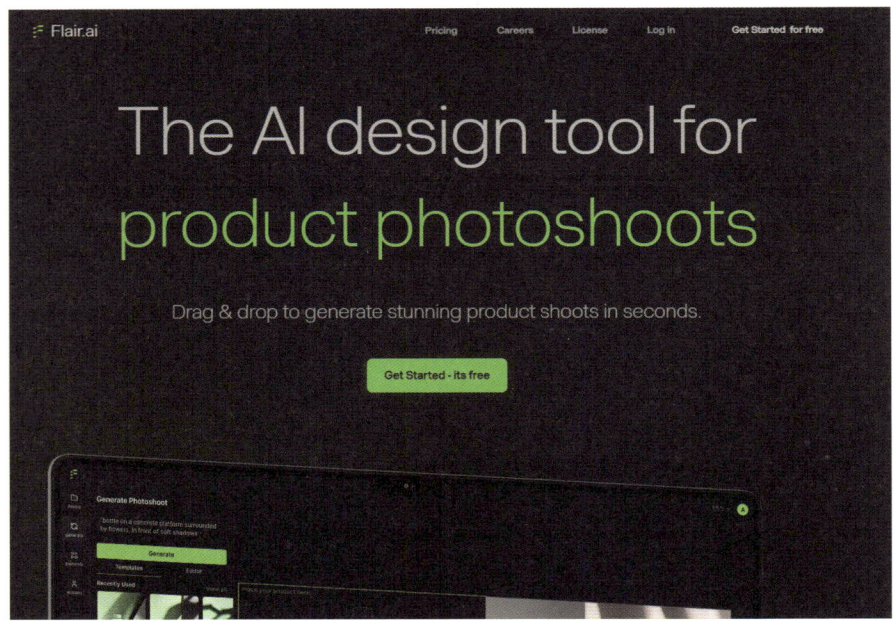

출처 / flair.ai 홈페이지

Flair AI의 주요 기능

1. 광고 이미지 생성: 간단한 텍스트 설명으로 다양한 스타일의 광고 이미지를 생성합니다.
2. 스타일 선택: 사용자가 원하는 스타일(예: 미니멀리즘, 레트로, 현대적 등)을 선택하여 이미지 생성.
3. 사용자 정의: 생성된 이미지에 텍스트, 로고, 색상 등을 추가하여 맞춤형 광고를 제작할 수 있습니다.
4. 고해상도 이미지: 고품질의 이미지를 생성하여 다양한 플랫폼에서 사용 가능.

Flair AI 사용 방법

1. 계정 생성 및 로그인
- Flair AI 웹사이트에 접속하여 계정을 생성합니다.
- 로그인 후 대시보드에 접근할 수 있습니다.

2. 새 프로젝트 시작
- 대시보드에서 '새 프로젝트'를 클릭하여 광고 이미지 제작을 시작합니다.
- 프로젝트 이름과 세부 설정을 입력합니다.

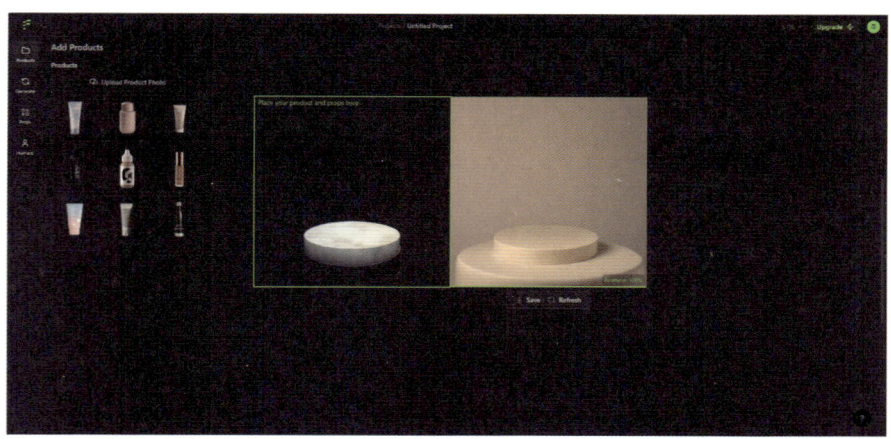

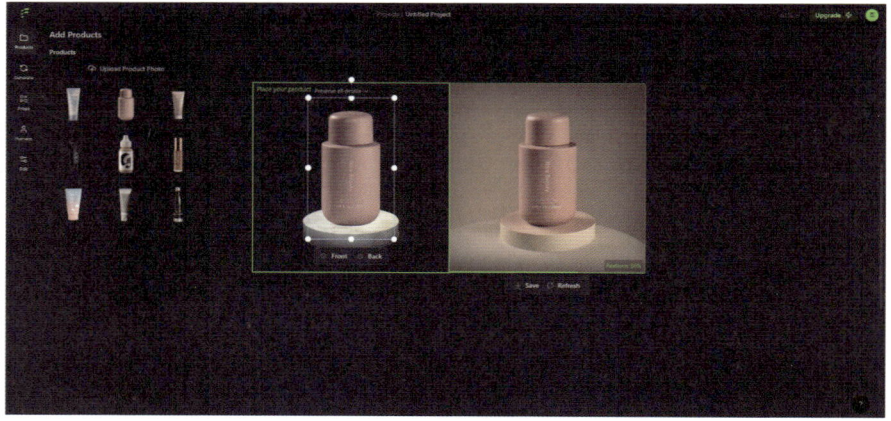

Flair AI는 광고 이미지를 만들기 위한 다양한 기능을 제공하는 툴입니다. 이 툴을 사용하면 다음과 같은 과정을 거쳐 광고 이미지를 생성할 수 있습니다:

1. **제품 타입 선택**: Flair AI에서는 생성하고자 하는 광고 이미지의 제품 타입을 선택할 수 있습니다. 사용자는 직접 촬영한 이미지를 업로드하거나, 제공되는 기본 Products를 선택하여 시작할 수 있습니다.

2. **Platforms과 Displays 선택**: 광고 이미지를 사용할 플랫폼과 디스플레이 형식을 선택합니다. 이를 통해 제품이나 객체를 배치하고, 어떻게 표시될지를 미리 시뮬레이션할 수 있습니다.

3. **오브젝트 활용**: Flair AI는 다양한 오브젝트를 제공하여 제품이나 소품을 돋보이게 하는 데 도움을 줍니다. 이를 통해 제품을 보다 눈에 띄게 하거나, 특정 상황에 맞게 배치할 수 있습니다.

4. **소품과 구성 설정**: 사용자는 제품을 돋보이게 하기 위해 필요한 소품을 추가하고, 전체적인 이미지 구성을 설정할 수 있습니다. 이는 제품의 시각적 매력을 높이고, 소비자에게 더욱 매력적인 광고 이미지를 제공하는 데 도움이 됩니다.

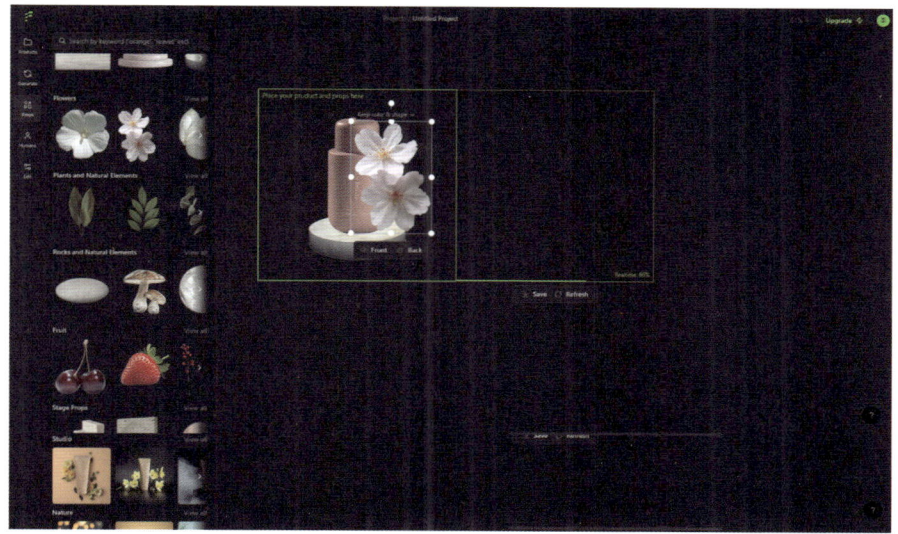

3. 텍스트 설명 입력

- 생성하고자 하는 광고 이미지에 대한 간단한 텍스트 설명을 입력합니다.
- 예: "뒷배경에 노란색 꽃들이 있고 원형 플랫폼 위에 있는 병"

4. 스타일 선택

- 생성할 이미지의 스타일을 플랫폼에 선택합니다.
- 예: "현대적", "미니멀리즘", "레트로" 등.

5. 이미지 생성

- 텍스트 설명과 스타일 선택이 완료되면 '이미지 생성' 버튼을 클릭합니다.
- Flair AI가 자동으로 광고 이미지를 생성합니다.

7. 이미지 저장 및 다운로드

- 최종 이미지를 검토한 후, '저장' 또는 '다운로드' 버튼을 클릭하여 이미지를 저장합니다.
- 고해상도의 이미지 파일을 다양한 형식(JPEG, PNG 등)으로 다운로드할 수 있습니다.

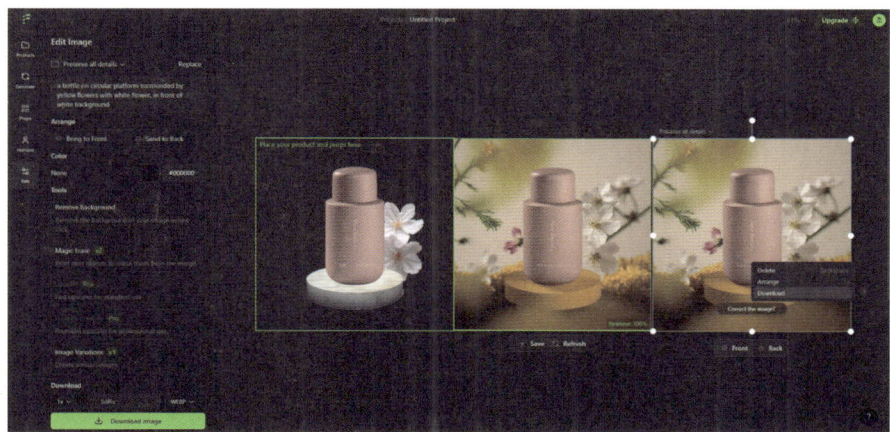

Flair AI는 다양한 장점을 가진 이미지 생성형 AI 툴입니다.

1. **사용의 간편함**: Flair AI는 직관적인 사용자 인터페이스를 제공하여, 전문적인 디자인 능력이 없어도 쉽게 이미지를 생성하고 수정할 수 있습니다. 이는 비디오 및 사진 편집 경험이 적은 사람들에게 특히 유용합니다.
2. **다양한 템플릿과 오브젝트 제공**: Flair AI는 다양한 디자인 템플릿과 오브젝트를 제공하여 사용자가 선택한 제품이나 콘텐츠를 최적화된 방식으로 표현할 수 있습니다. 이는 제품의 시각적 매력을 강화하고 마케팅 캠페인의 효과를 높이는 데 도움이 됩니다.
3. **실시간 미리보기 및 수정**: 사용자는 실시간으로 이미지를 미리보기하고 필요에 따라 수정할 수 있습니다. 이는 디자인의 직관적 이해를 돕고, 콘텐츠를 더욱 효과적으로 개선할 수 있는 기회를 제공합니다.
4. **비용 효율적**: Flair AI는 비교적 저렴한 가격에 제공되며, 이는 소규모 비즈니스나 개인 사용자들이 접근하기 좋은 점입니다. 고급 디자인 소프트웨어를 구입할 필요 없이도 품질 높은 이미지를 생성할 수 있습니다.
5. **자동화된 기능**: 특히 Flair AI는 이미지 생성 과정을 자동화하여 사용자가 필요로 하는 디자인을 신속하게 완성할 수 있습니다. 이는 시간을 절약하고, 더욱 효율적인 마케팅 콘텐츠를 만드는 데 도움을 줍니다.

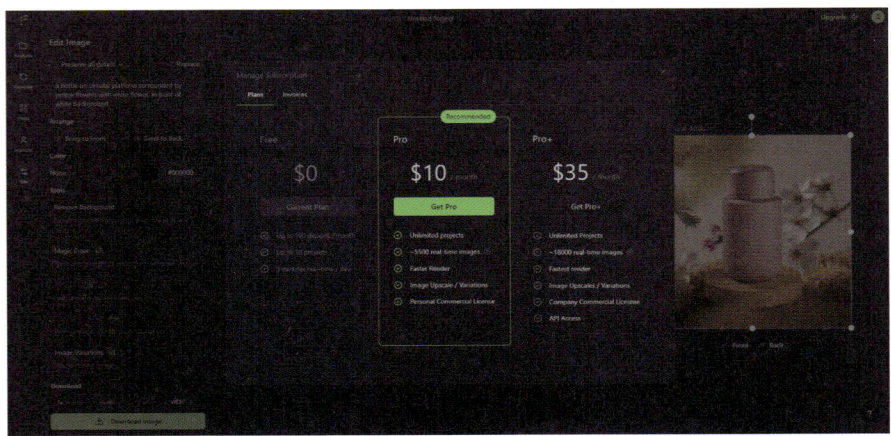

고양이 간식의 광고 이미지 제작 예시

당신이 **Flair AI**를 사용하여 고양이 간식 **Catsnack**을 홍보하는 광고 이미지를 만드는 단계별 가이드입니다

Flair AI를 사용한 Catsnack 광고 이미지 생성 방법

1. **Flair AI 접속**: Flair AI 계정에 로그인하거나 Flair AI 웹사이트에 방문하여 광고 이미지 생성을 시작하세요.

2. **템플릿 선택**: Catsnack과 관련된 음식 제품 또는 애완동물을 강조하는 템플릿을 선택하세요. 이러한 템플릿은 Catsnack과 같은 고양이 간식을 홍보하는 데 적합합니다.

3. **배경 이미지 업로드**: Catsnack이나 고양이와 관련된 특정 배경 이미지가 있다면 업로드할 수 있습니다. 그렇지 않으면 Flair AI에서 제공하는 기본 배경을 사용할 수 있습니다.

4. **텍스트 추가**: Catsnack의 주요 이점을 강조하는 설득력 있는 텍스트를 포함하세요. 예를 들어 "건강하고 맛있는 고양이 간식" 또는 "자연 재료로 만들어졌습니다."

5. **Catsnack 제품 이미지 삽입**: Catsnack의 이미지를 업로드하거나 Flair AI에서 제공하는 제품 오브젝트를 사용하여 고양이 간식을 시각적으로 매력적으로 표현하세요.

6. **레이아웃 커스터마이즈**: 텍스트와 이미지 요소를 템플릿에 배치하여 시선을 사로잡는 구성물을 만드세요. Catsnack이 눈에 띄도록 주의깊게 배치하세요.

7. **오브젝트로 더욱 풍부하게**: Flair AI의 오브젝트 라이브러리를 사용하여 주제를 보완할 수 있는

추가적인 요소들을 추가하세요. 예를 들어 고양이 발자국, 장난감, 또는 사료 그릇 등을 넣을 수 있습니다.

8. **색상과 효과 조정**: 색상을 조정하고 필터를 적용하거나 효과를 추가하여 이미지의 시각적 매력을 높이고, 브랜딩이나 Catsnack 제품 테마와 일치시키세요.

9. **검토 및 수정**: 디자인이 어떻게 보이는지 미리보기하여 필요한 경우 레이아웃, 텍스트 배치 또는 이미지 요소를 조정하여 원하는 효과를 얻으세요.

10. **저장 및 다운로드**: 디자인에 만족하면 광고 이미지를 저장하세요. 마케팅 캠페인에서 사용할 수 있도록 원하는 형식 (예: JPEG, PNG)으로 다운로드하세요.

광고 이미지 예시 설명

생동감 있는 이미지에서, 고양이가 아늑한 집 안에서 Catsnack 간식을 즐기는 모습을 상상해보세요. 배경은 따뜻한 조명이 비추는 편안한 거실을 보여줍니다. 텍스트는 "맛있게 바삭한" 또는 "고양이가 사랑하는 간식"과 같은 주요 판매 포인트를 강조합니다.

이미지 업스케일링 <Pixelcut>

Pixelcut은 사용자가 이미지의 해상도를 쉽게 높일 수 있도록 도와주는 AI 기반의 이미지 편집 도구입니다. Flair AI에서 생성된 이미지를 해상도를 높여 인쇄할 때 도움이 될만한 AI라 소개해드립니다. 아래는 Pixelcut을 사용하여 이미지를 업스케일링하는 방법에 대한 단계별 설명입니다.

Pixelcut의 기능

Pixelcut은 업스케일링 외에도 다양한 이미지 편집 기능을 제공합니다. 이를 활용하여 더욱 창의적이고 전문적인 결과물을 얻을 수 있습니다.

- **배경 제거**: 이미지의 배경을 자동으로 제거하여 투명 배경으로 만들 수 있습니다.
- **컬러라이징**: 흑백 사진을 컬러로 변환할 수 있습니다.
- **객체 제거**: 이미지에서 원하지 않는 객체를 제거할 수 있습니다.
- **템플릿 및 프리셋**: 다양한 템플릿, 프리셋, 배경을 사용하여 이미지를 더욱 멋지게 꾸밀 수 있습니다.

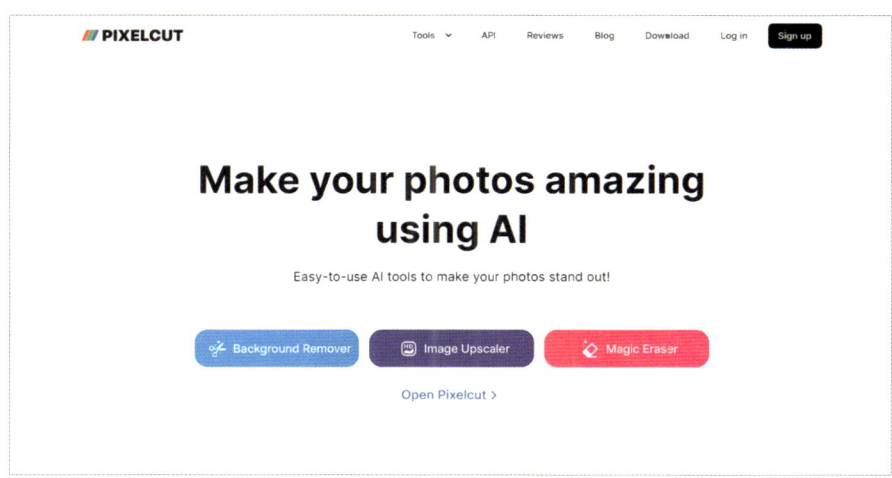

출처 / Pixelcut 홈페이지

Pixelcut을 사용하여 이미지 업스케일링하는 방법

1. Pixelcut 웹사이트 방문 및 이미지 업로드

1. **웹사이트 방문**: [Pixelcut의 이미지 업스케일 도구](https://create.pixelcut.ai/upscaler) 웹사이트에 접속합니다.
2. **이미지 업로드**: 화면에 표시된 "Upload a photo" 버튼을 클릭하거나, 이미지를 드래그 앤 드롭하여 업로드합니다. Pixelcut은 JPG, PNG, HEIC 형식의 이미지를 지원합니다.

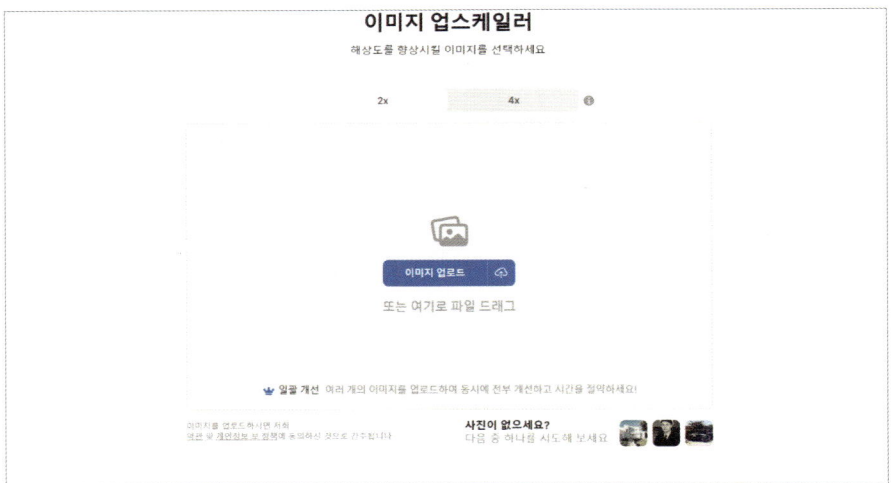

2. 업스케일 품질 선택

1. **업스케일 옵션 선택**: 이미지가 업로드되면, 업스케일링 할 품질을 선택합니다. 일반적으로 2배 또는 4배 업스케일 옵션이 제공됩니다.
   - **2X 업스케일**: 이미지를 2배로 확대합니다.
   - **4X 업스케일**: 이미지를 4배로 확대합니다.

2. **미리보기**: 원하는 업스케일 품질을 선택하기 전에 미리보기를 통해 각 옵션의 결과를 확인할 수 있습니다.

3. AI를 통한 업스케일링 진행

1. **AI 처리 시작**: 원하는 업스케일 품질을 선택한 후, Pixelcut의 AI가 이미지를 분석하고 확대합니다. 이 과정에서 AI는 이미지를 확대하면서 디테일을 향상시켜 픽셀화나 블러링을 방지합니다.
2. **진행 상태 확인**: 업스케일링 과정은 몇 초에서 몇 분 정도 소요될 수 있으며, 진행 상태를 실시간으로 확인할 수 있습니다.

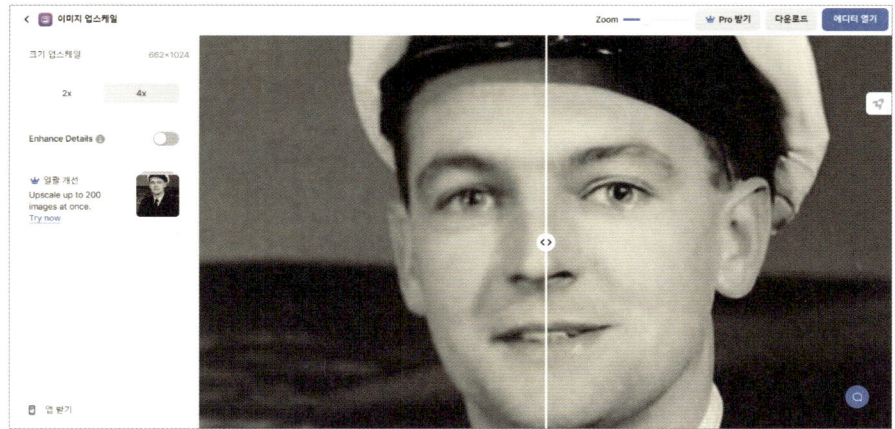

4. 업스케일링된 이미지 다운로드

1. **이미지 다운로드**: AI가 작업을 완료하면, "Download" 버튼을 클릭하여 업스케일링된 이미지를 다운로드합니다.
2. **추가 편집**: 다운로드한 이미지를 소셜 미디어에 공유하거나, 웹사이트에 업로드하거나, 인쇄하는 등의 용도로 사용할 수 있습니다.

샷과 앵글

#샷의 크기

- 롱 샷 (Long Shot): 전체 장면을 포착하며, 배경과 인물을 함께 보여줍니다. 주로 장소 설정이나 환경을 보여줄 때 사용합니다.
- 미디엄 샷 (Medium Shot): 인물의 허리 위쪽을 보여주는 샷으로, 대화 장면이나 인물의 동작을 강조할 때 사용합니다.
- 클로즈업 (Close-Up): 인물의 얼굴이나 중요한 디테일을 강조하는 샷으로, 감정 표현이나 중요한 물체를 부각시킬 때 사용합니다.

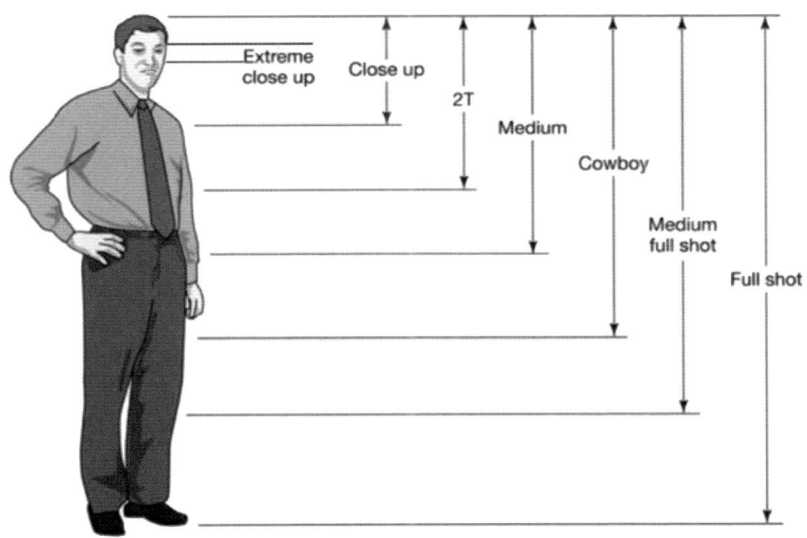

출처 / avtechlakeside.org

#앵글

- **아이레벨 앵글 (Eye-Level Angle)**: 카메라가 피사체의 눈높이에 위치한 앵글로, 자연스럽고 중립적인 시각을 제공합니다.
- **하이 앵글 (High Angle)**: 카메라가 피사체보다 높은 위치에 있는 앵글로, 피사체를 내려다보는 느낌을 줍니다. 피사체를 작고 약하게 보이게 할 때 사용합니다.
- **로우 앵글 (Low Angle)**: 카메라가 피사체보다 낮은 위치에 있는 앵글로, 피사체를 올려다보는 느낌을 줍니다. 피사체를 강하고 위엄 있게 보이게 할 때 사용합니다.
- **버드 아이 뷰 (Bird's Eye View)**: 카메라가 매우 높은 위치에서 아래를 내려다보는 앵글로, 전체적인 장면을 개관적으로 보여줄 때 사용합니다.
- **더치 앵글 (Dutch Angle)**: 카메라를 기울여서 촬영하는 앵글로, 불안감이나 긴장감을 조성할 때 사용합니다.

출처 / 어도비

어도비 사이트에서 영상, 모션에 관한 용어 및 Tip에 대해서 더 자세하게 확인할 수 있습니다.

https://www.adobe.com/kr/creativecloud/video/discover.html

출처 / 어도비

스마트폰으로 촬영하는 것은 그 휴대성과 사용 편리성, 고품질 촬영 능력, 다양한 기능, 편리한 편집 및 공유, 비용 효율성 등 여러 가지 장점을 제공합니다. 이러한 이유로 많은 사람들이 일상적인 촬영부터 전문적인 콘텐츠 제작까지 스마트폰을 선호하게 되었습니다. 최신 스마트폰의 발전된 카메라 기술은 점점 더 많은 사람들에게 뛰어난 촬영 경험을 제공하고 있습니다. 유튜브나 틱톡, 인스타그램에 업로드되는 대부분의 콘텐츠는 스마트폰으로 촬영된 영상들을 업로드 되고 있습니다. 초보자이며, 미디어콘텐츠를 제작자의 첫시작이라면 굳이 비싼 촬영 장비보다는 스마트폰으로 시작하게 좋습니다.

스마트폰 촬영의 장점

1. 휴대성:
- **간편한 휴대**: 스마트폰은 가볍고 작아 언제 어디서나 쉽게 휴대할 수 있습니다. 이는 갑작스러운 촬영 기회를 놓치지 않고 포착할 수 있게 합니다.

- **즉각적인 접근성**: 스마트폰은 대부분 항상 소지하고 있기 때문에 촬영을 원할 때 즉시 사용할 수 있습니다.

2. 사용의 편리함:
- **간편한 인터페이스**: 스마트폰의 카메라 앱은 사용하기 쉬운 인터페이스를 제공하여 누구나 손쉽게 사진과 비디오를 촬영할 수 있습니다.
- **자동 설정**: 스마트폰 카메라는 자동 초점, 자동 노출 조절, 얼굴 인식 등 다양한 자동 설정 기능을 제공하여 촬영을 쉽게 합니다.

3. 고품질 촬영:
- **향상된 카메라 기술**: 최신 스마트폰에는 고해상도 카메라, 고성능 렌즈, 저조도 촬영 기능, 광학 이미지 안정화(OIS) 등의 기술이 탑재되어 있어 고품질의 사진과 비디오를 촬영할 수 있습니다.
- **소프트웨어 보정**: 스마트폰은 AI 기반 이미지 보정 기술을 통해 촬영 후 자동으로 사진과 비디오의 품질을 개선합니다.

4. 다양한 기능:
- **다중 렌즈 시스템**: 여러 개의 렌즈를 사용하여 광각, 초광각, 망원 등 다양한 촬영 모드를 제공합니다.
- **스마트 기능**: 슬로우 모션, 타임랩스, 파노라마, 야간 모드 등 다양한 촬영 모드를 제공하여 창의적인 촬영이 가능합니다.

5. 편리한 편집 및 공유:
- **내장된 편집 도구**: 스마트폰은 기본적으로 편집 기능을 제공하여 촬영한 사진과 비디오를 바로 편집할 수 있습니다.
- **즉각적인 공유**: 인터넷 연결을 통해 소셜 미디어, 클라우드 서비스, 메시지 등 다양한 플랫폼에

즉시 공유할 수 있습니다.

6. 비용 효율성:
- **추가 장비 불필요**: 별도의 카메라나 촬영 장비를 구매할 필요가 없어 비용을 절감할 수 있습니다.
- **다용도 기기**: 스마트폰은 촬영 외에도 전화, 인터넷 검색, 앱 사용 등 다양한 기능을 제공하여 다용도로 활용할 수 있습니다.

출처 / 픽사베이

스마트폰을 이용한 효과적인 영상 촬영을 위해 몇 가지 Tip을 소개해 드릴게요

1. 안정성 확보:
- 영상의 안정성은 중요합니다. 흔들림을 줄이기 위해 촬영 전에 손으로 흔들림을 최소화하고, 가능하다면 삼각대나 안정기를 사용하세요. 또는 화면 안정화 기능이 있는 스마트폰 앱을 활용할 수도 있습니다.

2. 좋은 조명 활용:
- 촬영할 장면이나 주제에 적절한 조명을 설정하세요. 밝고 잘 조명된 곳에서 촬영하는 것이 영상의 질을 높이는 데 도움이 됩니다. 실내에서 촬영할 때는 유리창이나 추가 조명을 활용해 보세요.

3. 프레임과 구도:
- 영상의 시각적 효과를 높이기 위해 다양한 프레임과 구도를 실험해 보세요. 각도를 변화시키고 다양한 시점에서 촬영해 보는 것이 좋습니다. 원하는 효과를 얻기 위해 화면에 규칙을 준수하거나 깨는 것도 중요합니다.

출처 / 픽사베이

4. 오디오 품질 개선:
- 영상의 품질을 향상시키기 위해 오디오도 중요합니다. 외부 마이크를 사용하거나, 촬영할 때 주변 소음을 줄이는 방법을 고려해 보세요. 일부 스마트폰 앱은 외부 소음을 억제하고 명확한 음성을 기록할 수 있는 기능을 제공하기도 합니다.

스마트폰을 사용하여 심미성을 높이고 시네마틱한 효과를 낼 수 있는 몇 가지 장비와 도구들이 있습니다. 여기 몇 가지를 소개합니다:

1. 스마트폰 짐벌 (Gimbal):
- 스마트폰 짐벌은 흔들림을 줄여 안정적인 영상 촬영을 가능하게 합니다. 3축 짐벌은 특히 카메라의 움직임을 자연스럽게 보정하여 시네마틱한 움직임을 만들어 줍니다.

출처 / 픽사베이

2. 외부 마이크:

- 좋은 오디오 품질은 시네마틱 경험의 중요한 부분입니다. 외부 마이크를 연결하여 더 나은 음질을 기록하고, 주변 소음을 줄일 수 있습니다.

3. 렌즈 어택치먼트 (Lens Attachment):

- 특정 렌즈 어택치먼트를 사용하여 시네마틱인 보정과 화각을 조절할 수 있습니다. 특히 광각 또는 망원 렌즈를 사용하면 더 다양한 시각적 효과를 만들어낼 수 있습니다.

4. 스틱 및 트래킹 장치:

- 스틱이나 트래킹 장치를 사용하여 움직이는 촬영을 할 때 손쉽게 카메라를 움직이고, 다양한 각도에서 안정적인 촬영을 할 수 있습니다.

5. 추가 조명 장비:

- 조명은 시네마틱한 영상을 만들기 위한 중요한 요소입니다. LED 조명 패널이나 소프트 박스를 사용하여 촬영하는 장면을 더 밝고 명확하게 만들 수 있습니다.

스마트폰으로 영상 촬영을 보다 쉽고 전문적으로 돕는 여러 어플리케이션이 있습니다. 다음은 그 중 몇 가지를 소개합니다:

1. FiLMiC Pro:

- FiLMiC Pro은 iOS와 Android에서 사용할 수 있는 전문적인 비디오 촬영 앱입니다. 다양한 맞춤 설정과 수동 컨트롤을 제공하여 ISO, 셔터 스피드, 렌즈 포커스 등을 조절할 수 있습니다. 또한 로그 및 Flat 프로파일을 지원하여 색 보정 작업을 용이하게 할 수 있습니다.

출처 / Filmic Pro 홈페이지

2. ProCam X:

- ProCam X는 다양한 맞춤 설정과 수동 제어 기능을 제공하는 고급 카메라 앱입니다. RAW 및 HDR 사진 촬영을 지원하며, 다양한 렌즈 옵션과 필터를 제공하여 창의적인 영상을 만들 수 있습니다.

3. Moment Pro Camera:

- Moment Pro Camera는 전문적인 사진과 영상 촬영을 위해 설계된 앱으로, 수동 렌즈 컨트롤, 미터링, ISO 및 셔터 스피드 조절 기능을 제공합니다. 또한 로그 및 Flat 색 보정 프로파일을 지원하여 후속 편집을 위한 최적의 영상 품질을 제공합니다.

PureRef를 활용한 스토리보드 구성

PureRef는 이미지와 비주얼 콘텐츠를 정리하고 배열하는 데 유용한 도구입니다. 생성된 이미지를 PureRef를 통해 시각적으로 도식화하여 스토리보드를 구성합니다.

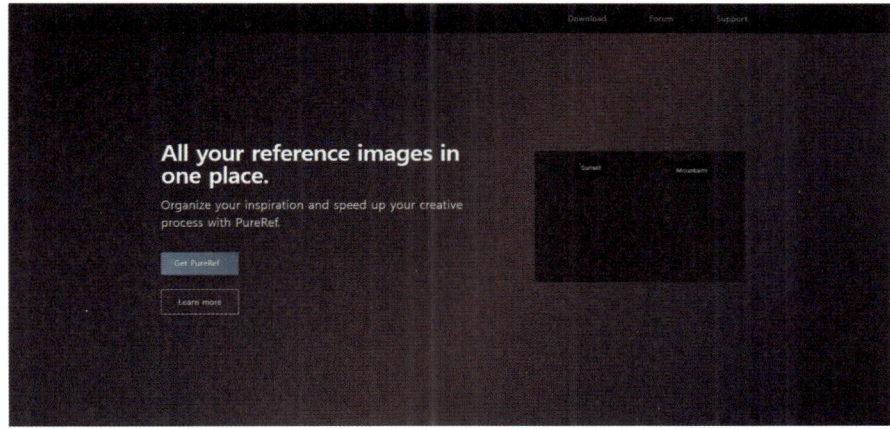

출처/ Pureref 홈페이지

1. PureRef 설치 및 실행

- **다운로드 및 설치**: PureRef 공식 웹사이트에서 프로그램(https://www.pureref.com/)을 다운로드하고 설치합니다.
- **프로그램 실행**: 설치 후 PureRef를 실행합니다.

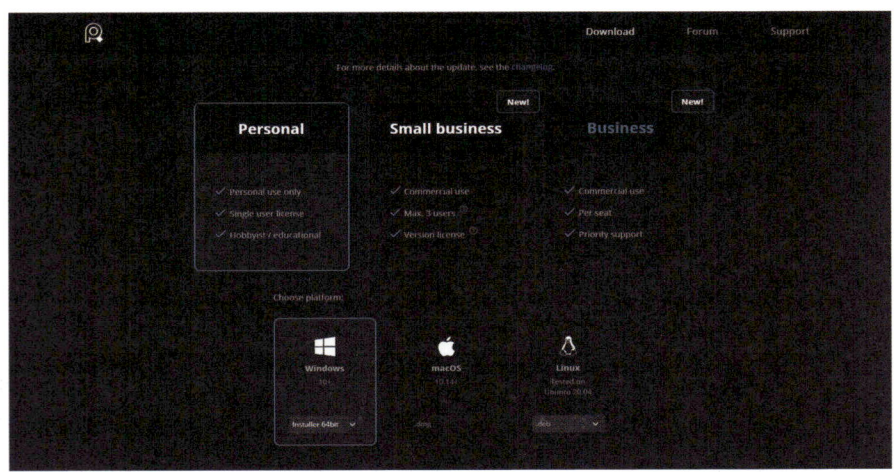

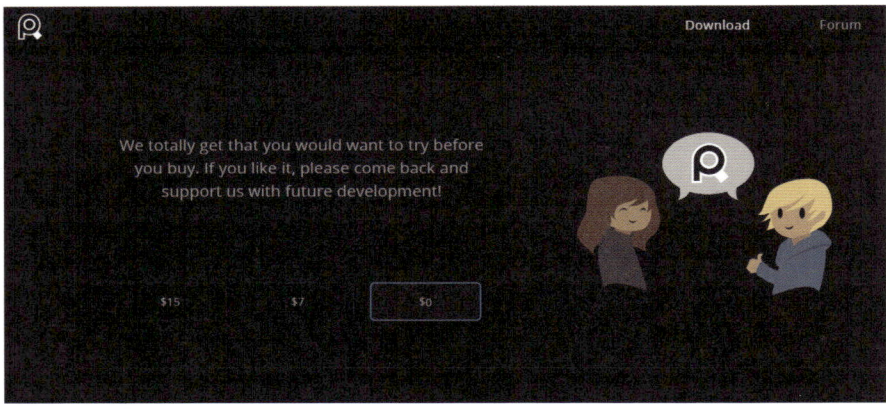

출처/ Pureref 홈페이지

Custom Account 에 0을 기입하면 무료로 다운로드를 할 수 있습니다.

2. 이미지 불러오기

- **이미지 추가**: Bing Image Creator에서 다운로드한 이미지를 PureRef에 드래그 앤 드롭으로 추가합니다.
- **이미지 정리**: 추가한 이미지를 스토리보드 순서에 맞게 정리합니다.

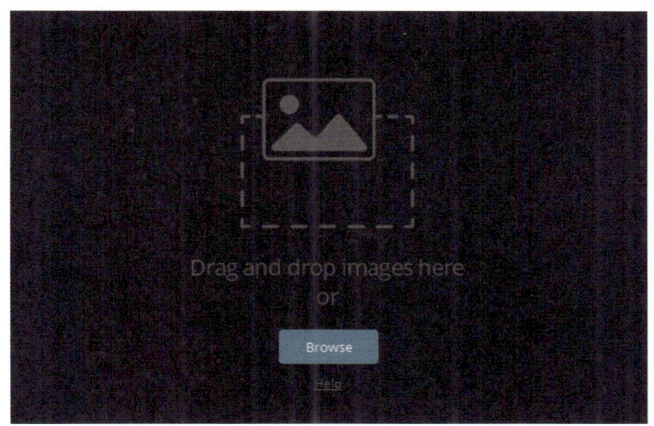

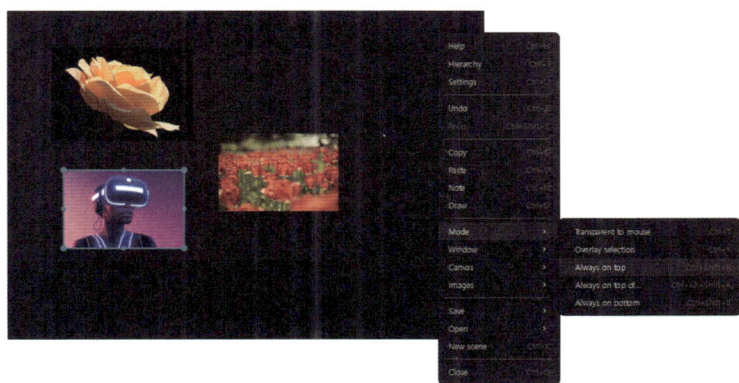

3. 스토리보드 구성

- **순서 배열**: 각 장면에 맞는 이미지를 순서대로 배열합니다.
- **설명 추가**: 각 이미지 아래에 해당 장면의 설명을 추가하여 시각적으로 이해하기 쉽게 만듭니다.

예시:

입양센터 도착: "고양이 입양 센터에 도착한 가족"

고양이와 첫 만남: "입양 센터에서 고양이를 처음 만나는 아이"

고양이와 교감: "고양이를 안고 쓰다듬는 사람"

입양 서류 작성: "입양 서류를 작성하는 부모"

새 가족과의 첫 사진: "고양이와 함께 찍은 첫 가족 사진"

4. 스토리보드 저장 및 활용

파일 저장: 구성된 스토리보드를 PureRef 파일로 저장합니다.

출력: 필요한 경우 스토리보드를 이미지 파일로 출력하여 다른 프로젝트나 문서에 삽입합니다.

 1. 고양이를 입양하는 모습

 2. 고양이를 목욕시키는 모습

 3. 고양이를 말려주는 모습

 4. 고양이에게 먹이를 주는 모습

완성된 스토리보드를 확인할 수 있습니다.

PART 3

영상포멧

Runway를 활용한 애니메이션 생성

Haiper를 활용한 영상스타일 변경하기

Krea를 활용한 영상몰핑 제작하기

영상 포맷

영상 포맷의 중요성

영상 콘텐츠 제작에서 영상 포맷은 매우 중요한 요소입니다. 적절한 영상 포맷을 선택함으로써 콘텐츠의 품질을 높이고, 다양한 디바이스와 플랫폼에서의 호환성을 보장할 수 있습니다. 이 장에서는 일반적으로 사용되는 주요 영상 포맷에 대해 알아보겠습니다.

HD 포맷 (High Definition)

- **해상도**: 1920 × 1080
- **화질**: 고화질, 선명한 디테일
- **용도**: TV 방송, 온라인 스트리밍, 영화 등
- **비율**: 16:9
- **프레임 레이트**: 일반적으로 24fps(영화), 30fps(방송), 60fps(고속 동작)

4K UHD 포맷 (Ultra High Definition)

- **해상도**: 3840 × 2160
- **화질**: 초고화질, 매우 선명한 디테일
- **용도**: 고화질 TV 방송, 고화질 온라인 스트리밍, 영화 제작
- **비율**: 16:9
- **프레임 레이트**: 24fps, 30fps, 60fps

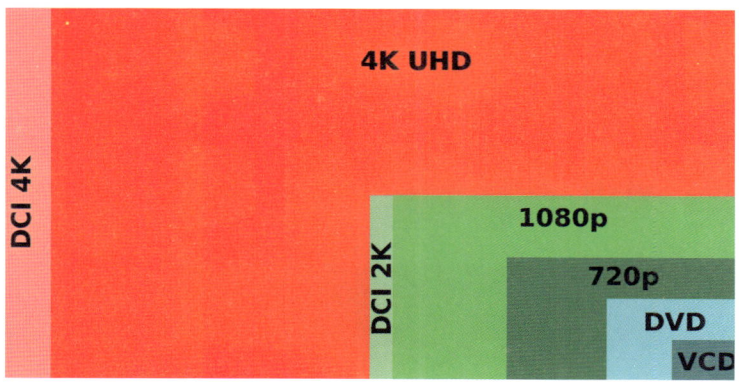

출처/나무위키

프레임 레이트 (Frame Rate)

프레임 레이트는 1초 동안 재생되는 프레임 수를 의미합니다. 일반적으로 사용되는 프레임 레이트는 다음과 같습니다:

- **24fps**: 영화 산업에서 표준으로 사용되는 프레임 레이트. 부드러운 영화 느낌을 줍니다.
- **30fps**: TV 방송 및 온라인 동영상에서 일반적으로 사용. 대부분의 콘텐츠에 적합한 균형 잡힌 프레임 레이트입니다.
- **60fps**: 고속 동작 장면에서 사용되며, 게임 및 스포츠 영상에 적합합니다. 매우 부드러운 동작을 제공합니다.

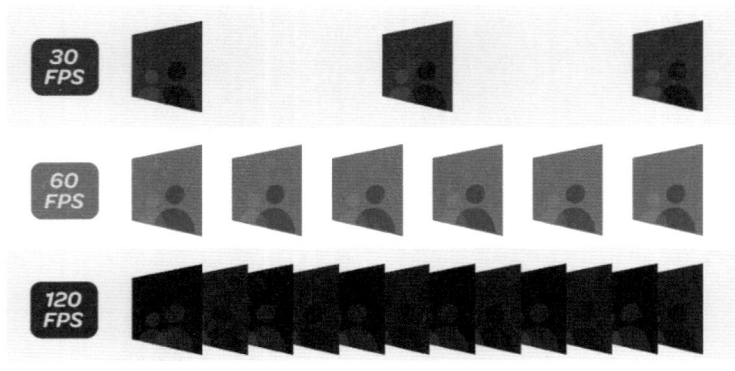

출처 / switcherstudio.com

영상 파일 형식

- **MP4**: 가장 일반적으로 사용되는 형식으로, 높은 압축률과 좋은 품질을 제공합니다. 대부분의 디바이스와 플랫폼에서 호환됩니다.
- **MOV**: 애플의 QuickTime 형식으로, 고품질 영상 파일을 지원합니다. 편집 작업에 자주 사용됩니다.
- **AVI**: 마이크로소프트가 개발한 형식으로, 다양한 코덱을 지원합니다. 높은 품질을 제공하지만 파일 크기가 큽니다.
- **MKV**: 고화질 영상과 오디오를 지원하는 멀티미디어 컨테이너 형식으로, 여러 자막과 오디오 트랙을 포함할 수 있습니다.

해상도 (Resolution)

해상도는 화면에 표시되는 픽셀 수를 의미하며, 영상의 선명도에 영향을 미칩니다. 주요 해상도는 다음과 같습니다:

- **HD (720p)**: 1280 × 720. 일반적으로 온라인 스트리밍 및 중간 품질의 영상 콘텐츠에 사용됩니다.
- **Full HD (1080p)**: 1920 × 1080. 고화질 영상 콘텐츠 제작에 가장 많이 사용되는 해상도입니다.
- **4K UHD (2160p)**: 3840 × 2160. 초고화질 영상 콘텐츠 제작에 사용되며, 디테일이 매우 뛰어납

니다.

- **8K UHD (4320p)**: 7680 × 4320. 현존하는 최고 해상도로, 극히 높은 디테일을 필요로 하는 전문 콘텐츠 제작에 사용됩니다.

비트레이트 (Bitrate)

비트레이트는 영상 및 오디오 데이터의 전송 속도를 의미하며, 품질과 파일 크기에 영향을 미칩니다. 비트레이트가 높을수록 품질이 좋지만 파일 크기도 커집니다. 일반적으로 다음고· 같은 비트레이트 설정이 사용됩니다:

- **HD 영상**: 5-10 Mbps
- **Full HD 영상**: 10-20 Mbps
- **4K UHD 영상**: 20-50 Mbps

적절한 해상도, 프레임 레이트, 파일 형식 및 비트레이트를 선택함으로써, 제즈·한 콘텐츠가 원하는 품질과 호환성을 갖추도록 할 수 있습니다. 이 정보를 바탕으로, 영상 콘텐츠 제작에 필요한 최적의 포맷을 선택할 수 있을 것입니다.

Runway을 활용한 애니메이션 생성

Runway 소개 및 기본 개념

Runway는 창의적인 작업을 지원하는 인공지능 기반 도구로, 이미지, 비디오, 텍스트 등 다양한 미디어 콘텐츠를 생성하고 편집할 수 있는 플랫폼입니다. 특히 비디오 편집과 애니메이션 제작에 강력한 기능을 제공하여 크리에이터들이 보다 효율적이고 창의적으로 작업할 수 있도록 돕습니다.

주요 기능:

- **이미지 및 비디오 생성**: 텍스트 입력을 통해 이미지를 생성하거나 비디오 클립을 생성할 수 있습니다.
- **비디오 편집**: 다양한 필터와 효과를 사용하여 비디오를 편집할 수 있습니다.
- **애니메이션 제작**: 정적인 이미지를 애니메이션으로 변환할 수 있습니다.
- **AI 모델 통합**: 다양한 AI 모델을 통합하여 창의적인 콘텐츠를 제작할 수 있습니다.

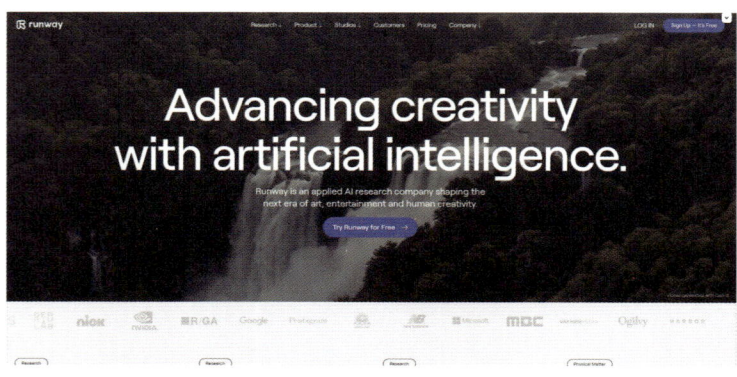

출처 /Runway 홈페이지

Runway를 활용한 이미지 애니메이션 제작 방법

1. Runway에 접속 및 로그인

- **웹사이트 방문**: Runway의 공식 웹사이트(https://runwayml.com/)에 접속합니다.
- **계정 생성 및 로그인**: 계정이 없으면 새로 생성하고, 기존 계정이 있으면 로그인합니다.

2. 새로운 프로젝트 생성

- ** 웹사이트에서 Try Gen-2를 선택한다. 새 화면이 나온다.
- **전구 아이콘을 클릭하면 Ruyway 추천하는 프롬프트가 생성된다.

3. 프롬프트 작성

- 프롬프트를 작성해서 다양한 이미지 생성 및 애니메이션을 생성할 수 있다.
- 다음의 일반적인 프롬프트 수식어는 좋은 결과를 제공합니다:

걸작 / 고전 / 영화 같은

더 많은 액션과 움직임을 위해서는 다음과 같은 키워드를 추가해보세요:

영화 같은 액션 / 비행 / 속도 / 달리기

카메라 관련 용어를 사용해보세요.

예를 들어, 롱샷, 아이레벨과 같은 화면의 샷 크기와 앵글을 같이 사용하면 좋은 결과를 확인할 수 있습니다.

4. 이미지 업로드

- **이미지 추가**: 애니메이션으로 만들고자 하는 이미지를 업로드합니다. 드래그 앤 드롭 방식으로 쉽게 이미지를 추가할 수 있습니다.

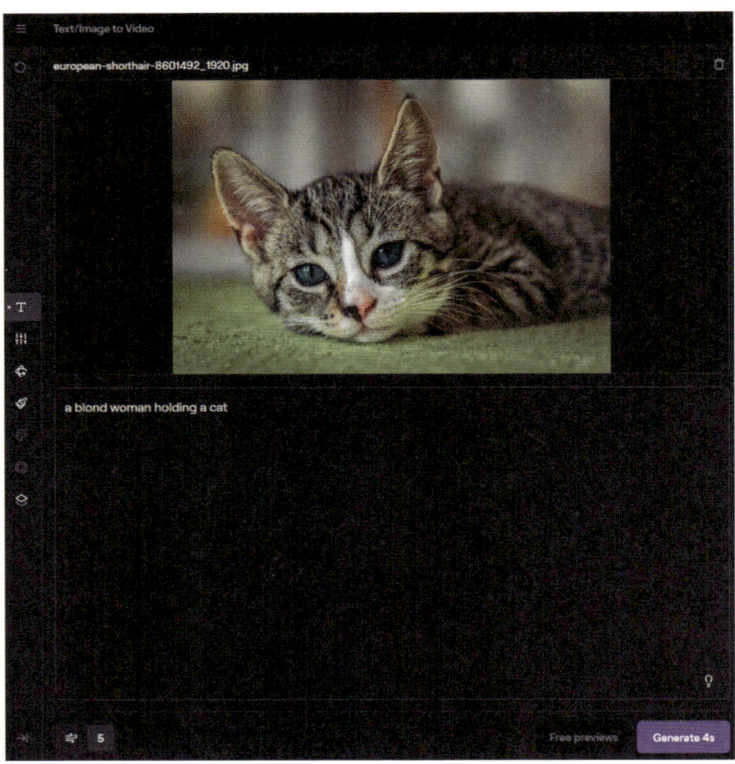

Runway의 General Settings

Runway의 General Settings에서는 영상 생성 및 편집을 위한 다양한 설정을 제공하며, 사용자가 원하는 대로 영상의 품질과 내용을 조정할 수 있습니다. 아래는 주요 설정 항목들입니다:

1. 해상도와 크기 설정:
- 사용자는 영상의 해상도와 크기를 설정할 수 있습니다. 이는 영상의 출력 품질과 파일 크기에 직접적인 영향을 미칩니다.

2. 프롬프트 가중치 조정:
- 프롬프트와 영상의 가중치를 조정하여, 생성된 영상이 텍스트 설명에 얼마나 충실하게 따를지 설정할 수 있습니다. 이는 원하는 결과물의 디테일을 조정하는 데 유용합니다. 기본값은 8.5입니다.

3. 불포함시킬 이미지나 오브젝트 제외:
- 특정 이미지나 오브젝트를 영상에서 제외하고 싶을 때, 이를 텍스트로 입력하여 설정할 수 있습니다. 이를 통해 필요하지 않은 요소를 배제할 수 있습니다.

4. 시드 설정:
- 시드를 설정하여 동일한 인물과 장소를 일관되게 생성할 수 있습니다. 이는 여러 영상에서 동일한 캐릭터나 배경을 사용할 때 유용합니다.

5. 워터마크 제거:
- 기본적으로 영상에 삽입되는 워터마크는 유료 서비스로 업그레이드하면 제거할 수 있습니다. 이는 상업적 용도로 영상을 사용할 때 중요합니다.

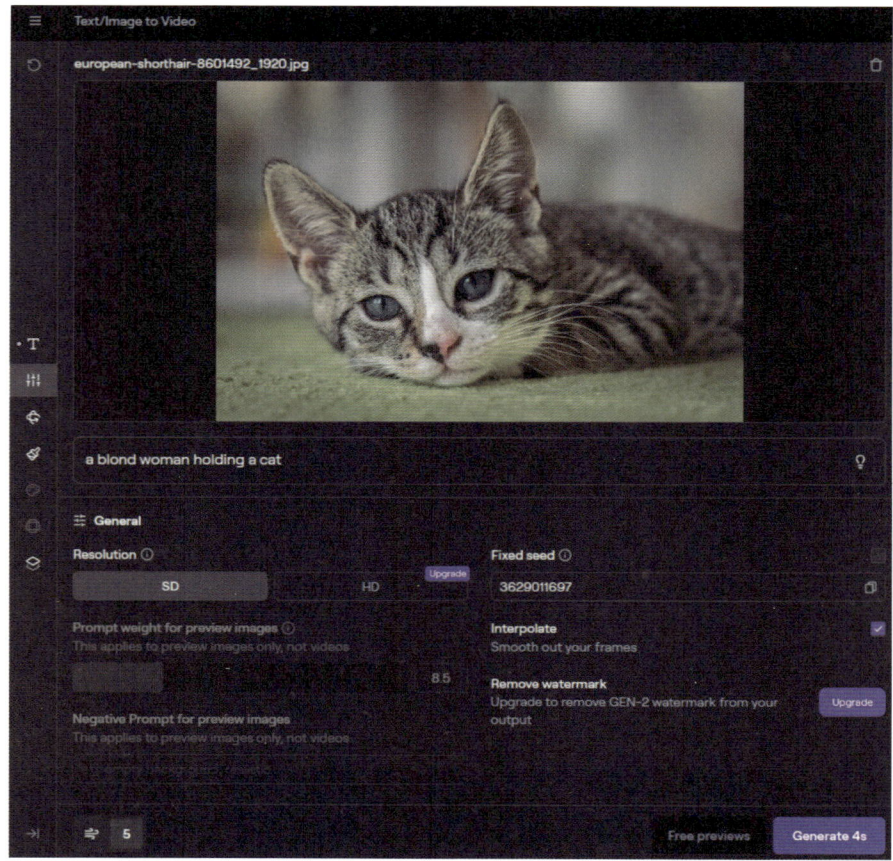

카메라 모션 세팅 및 영상 생성 방법

카메라 모션 세팅

1. 마우스를 이용한 카메라 모션 설정:
 - 수직 및 수평 방향, 패닝(panning), 틸업/다운(tilt up/down), 줌인/아웃(zoom in/out), 롤링(rolling) 등 다양한 카메라 워킹을 할 수 있습니다.

2. 카메라 모션 세팅 후 영상 생성:

- 카메라 모션 설정이 완료되면, "Generate" 버튼을 클릭하여 움직이는 영상을 생성할 수 있습니다.
- 기본적으로 4초 길이의 영상이 생성됩니다.

아래 하단에 모션수치를 조정할 수 있으며 기본값은 5입니다.

- 표시된 숫자를 클릭한 후 좌우로 드래그하여 값을 변경할 수 있습니다. 왼쪽으로 드래그하면 값이 감소하고, 오른쪽으로 드래그하면 값이 증가합니다. 1은 최소 움직임, 10은 최대 움직임을 의미합니다.

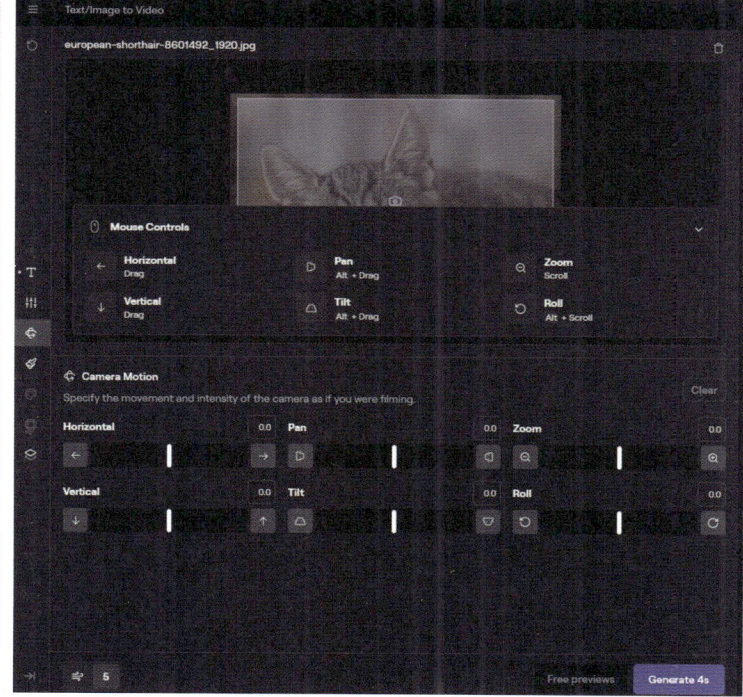

생성된 영상은 오른쪽 화면에서 확인이 된다.

Extend video를 클릭하면 추가적으로 영상길이가 4초 더 늘어난다.

단일 모션 브러쉬 효과

1. **입력 생성 또는 업로드**: 텍스트에서 미리보기 이미지를 생성하거나 이미지를 업로드합니다.
2. **모션 브러쉬 아이콘 클릭**: 카메라 모션 옆 작은 페인트 브러쉬 아이콘을 클릭하여 편집 창을 엽니다.
3. **이미지에 모션 추가**: 브러쉬 도구를 사용하여 이미지의 원하는 부분에 움직임을 추가합니다. 지우개로 정밀하게 조정할 수 있습니다.
4. **모션 수정자 선택 및 저장**: 선택한 요소에 대해 수평(x), 수직(y), 깊이(z) 방향의 모션을 제어합니다. 저장 후 생성을 기다립니다.

멀티 모션 브러쉬 레이어

1. **모션 브러쉬 레이어 선택**: 최대 다섯 개의 다른 부분을 선택하여 각각에 고유한 모션 효과를 설정합니다.
2. **입력에 브러싱**: 선택한 레이어를 사용하여 입력 이미지에 모션 영역을 정의합니다.
3. **레이어 매개변수 설정**: 측면 패널에서 수평(x), 수직(y), 깊이(z) 및 환경 움직임 매개변수를 설정합니다.
4. **세밀하게 조정**: 되돌리기/지우기 버튼을 사용하여 영역을 조정하고, 필요하면 모든 레이어를 지우는 Clear 버튼을 클릭합니다.
5. **생성**: 저장 후 생성하여 최종 애니메이션을 완성합니다.

이 가이드는 Runway의 모션 브러쉬를 사용하여 이미지에 다양한 움직임을 추가하는 방법을 설명하며, 창의적인 애니메이션 제작을 위한 기능과 이점을 제공합니다.

스타일을 적용해, 다양한 영상을 생성할 수 있습니다.

각각의 스타일에 대해 간단히 설명드리겠습니다:

1. **Abandoned**: 버려진 공간이나 시설을 찍은 사진을 기반으로, 황폐하고 오래된 느낌을 강조한 스타일입니다. 주로 파손된 건물이나 산업 유적지의 이미지에서 볼 수 있습니다.

2. **Advertising**: 광고 촬영에서 사용되는 스타일로, 선명하고 세밀하게 조정된 색감과 조명을 통해 제품이나 서비스를 강조합니다.

3. **Cine Lens**: 시네마 렌즈를 사용한 스타일로, 영화적인 효과를 부여하는 것을 목표로 합니다. 깊은 풍부한 색감과 부드러운 피사계실을 특징으로 합니다.

4. **Concept Art**: 게임, 영화 또는 책에 나타날 수 있는 개념 예술의 스타일로, 특히 상상력을 강조하며 환상적인 장면을 그립니다.

5. **Architectural**: 건축물에 중점을 둔 스타일로, 건물의 형태와 구조를 강조하여 디자인적 요소를 부각시킵니다.

6. **Duotone**: 두 가지 색조로 구성된 이미지를 강조하는 스타일로, 강렬하고 대비가 뚜렷한 이미지를 만듭니다.

7. **Forestpunk**: 산림과 도시화된 환경이 결합된 비교적 신비로운 스타일로, 자연과 인간의 상호작용을 중심으로 합니다.

8. **Graphic Novel**: 만화책과 같은 비주얼 스타일로, 강렬한 선과 색상 대비를 통해 이야기적인 느낌을 부각시킵니다.

9. **Macro**: 극접사진을 통해 작은 세부사항을 강조하는 스타일로, 일반적으로 작은 물체나 생물의 특징을 잘 보여줍니다.

10. **Low Poly 3D**: 저 해상도 폴리곤 모델링을 기반으로 한 3D 비주얼 스타일로, 간단하면서도 독특한 디자인을 제공합니다.

11. **Stickers**: 스티커와 같은 그래픽 효과를 적용한 스타일로, 생동감 있고 표현적인 이미지를 만듭니다.

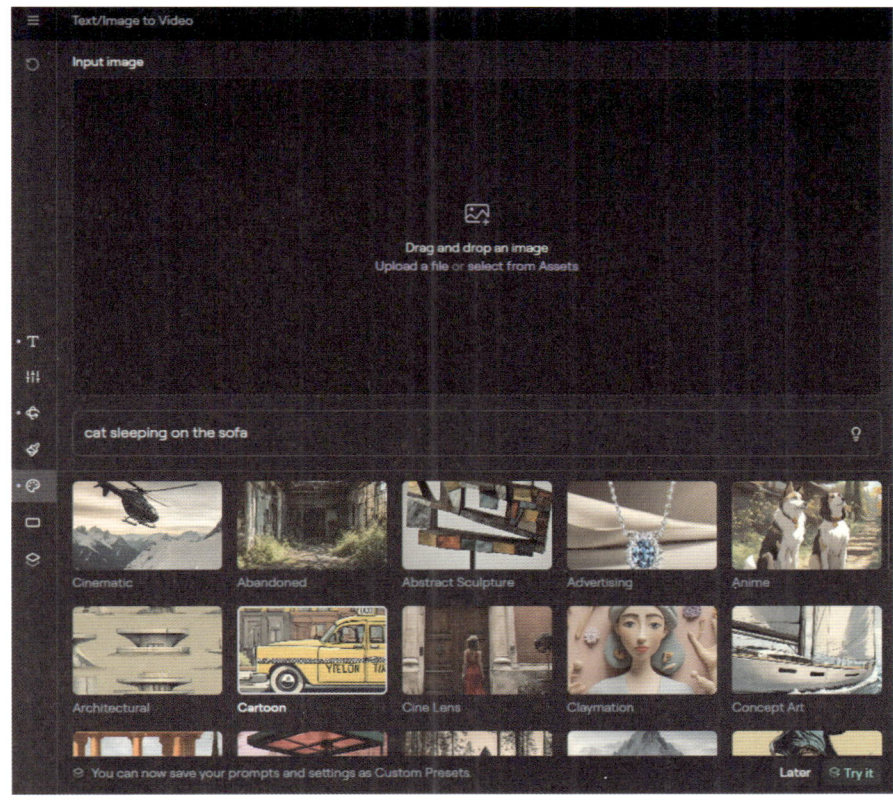

각 스타일은 그 자체로 독특한 시각적 효과를 제공하며, Runway을 통해 이러한 다양한 스타일을 선택하여 이미지나 영상에 적용할 수 있습니다.

화면 비율 조정은 매우 중요한 영상 편집 기술 중 하나입니다. 여러분이 언급하신 대로, 다양한 화면 비율을 특정 플랫폼에 맞춰 조정할 수 있습니다. 주요 화면 비율 조정 예시는 다음과 같습니다:

① **16:9**: 일반적인 텔레비전 및 온라인 비디오 플랫폼에서 널리 사용됩니다. 가로와 세로의 비율은 16:9로 설정됩니다.
② **1:1**: 주로 인스타그램과 같은 소셜 미디어 플랫폼에서 사용되며, 가로와 세로의 비율이 동일합니다.
③ **4:3**: 과거 표준 TV 및 모니터 비율로, 더 정사각형에 가까운 화면 비율입니다.

또한, 사용자 지정 프리셋을 설정하여 개인적인 취향에 맞는 영상을 지속적으로 스타일링할 수 있습니다. 이는 특정한 비디오 스타일, 색조, 필터, 또는 특수 효과를 포함하여 고유한 비디오 프로젝트를 만들 수 있는 방법입니다. 사용자 지정 프리셋을 설정하면 일관성 있는 스타일링을 유지하고, 특정 목적에 맞게 영상을 효율적으로 조정할 수 있습니다.

이러한 기능들은 현대적인 디지털 미디어 제작에서 중요한 도구로 자리 잡고 있으며, 다양한 플랫폼에서의 시청자 경험을 고려하여 영상을 최적화하는 데 도움이 됩니다.

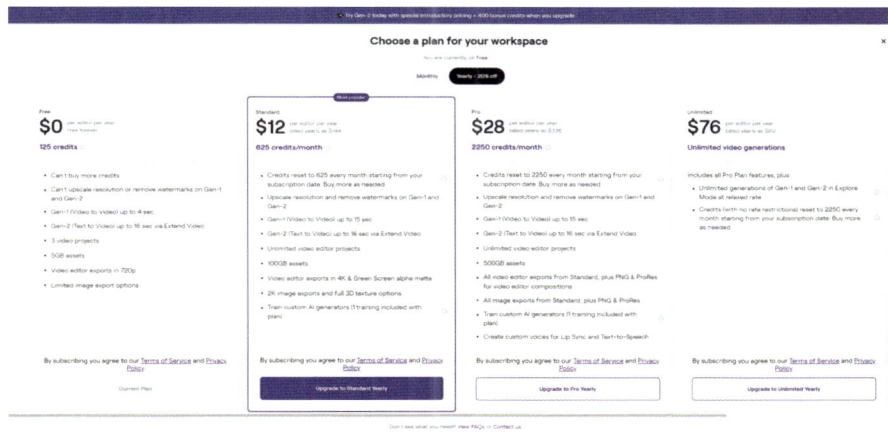

유료 버전의 이점

1. 워터마크 제거

- 유료 버전을 사용하면 생성된 영상에서 워터마크가 제거됩니다.

2. 긴 영상 생성 가능

- 유료 버전에서는 긴 영상도 생성할 수 있어 더 많은 콘텐츠를 포함할 수 있습니다.

3. 2K 해상도 영상 생성

- 유료 버전은 2K 해상도의 고품질 영상을 생성할 수 있어, 더욱 선명한 결과물을 제공합니다.

Runway을 사용하면 이러한 기능들을 통해 더욱 정교하고 전문적인 애니메이션을 쉽게 만들 수 있습니다. 이는 특히 복잡한 비디오 편집 소프트웨어가 부담스러운 사용자들에게 큰 도움이 될 것입니다.

Haiper를 활용해 영상스타일 변경하기

Haiper는 텍스트를 애니메이션으로 변환하고,

이미지를 다양한 스타일로 애니메이션화하며, 이미지 리페어 기능을 제공하는 강력한 AI 도구입니다.

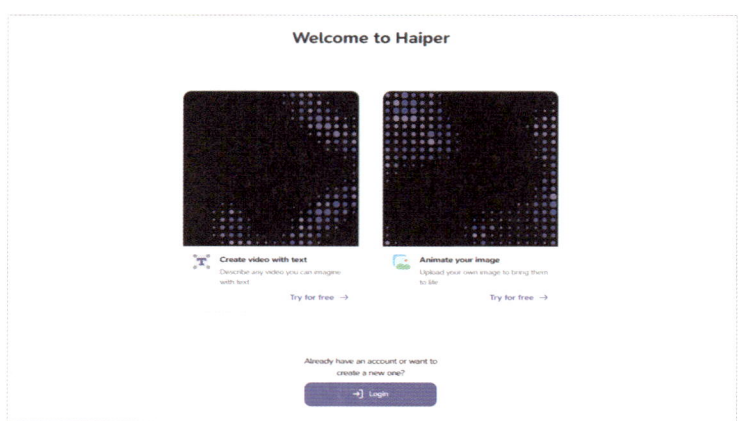

출처 / Haiper 홈페이지

1. 로그인 및 대시보드 접속:

- Haiper 웹사이트에 접속하여 계정으로 로그인합니다.

- 대시보드에서 '이미지 리페어' 툴을 선택합니다.

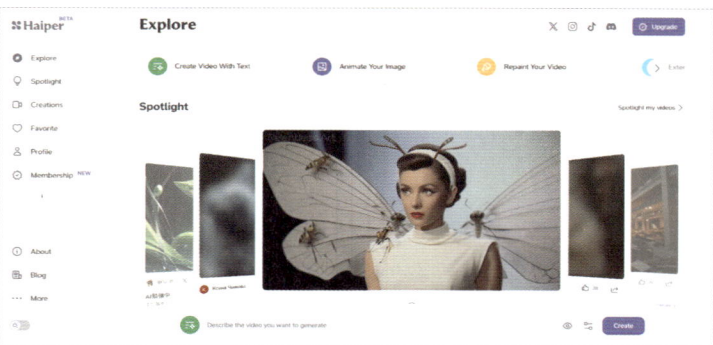

2. 텍스트 입력:

- 생성하고자 하는 이미지에 대한 설명을 텍스트로 입력합니다.
- 프롬프트를 입력하는 방식은 다음과 같습니다. 예를 들어, "햇빛이 비치는 푸른 바다"와 같은 문장을 입력합니다.

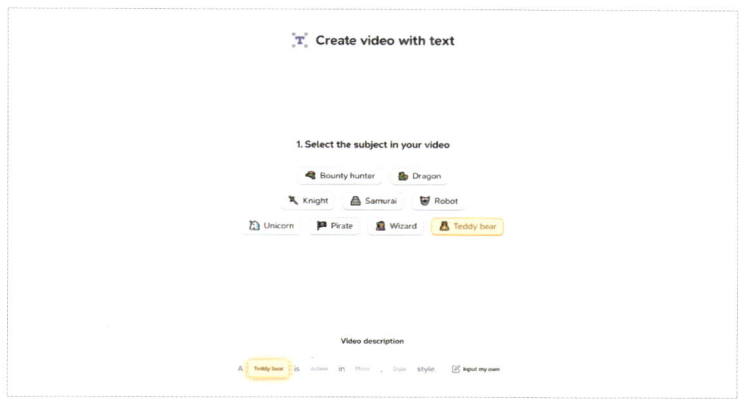

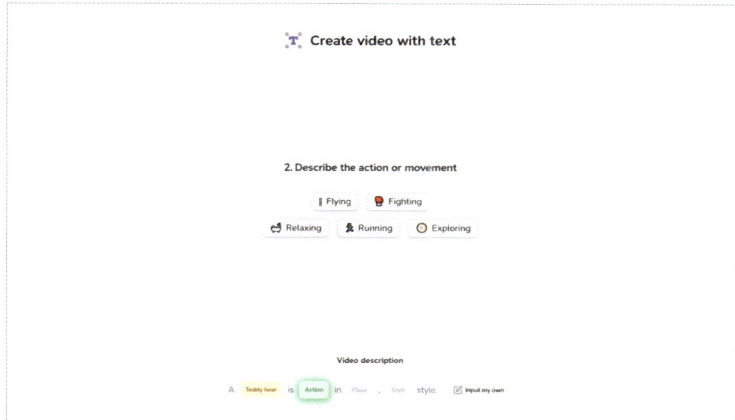

3. 이미지 업로드:

- 리페어하고자 하는 이미지를 업로드합니다.

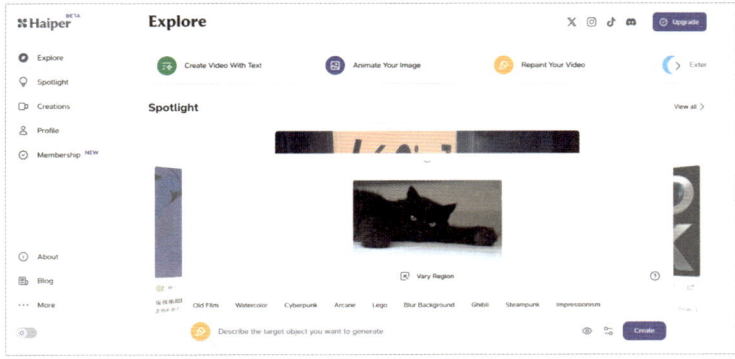

4. 리페어 설정:

- 재설정하고자 하는 이미지의 특징을 설정합니다.

- 위의 있는 영상스타일을 선택하면, 자동으로 프롬프트를 생성되며, 스타일이 적용됩니다.

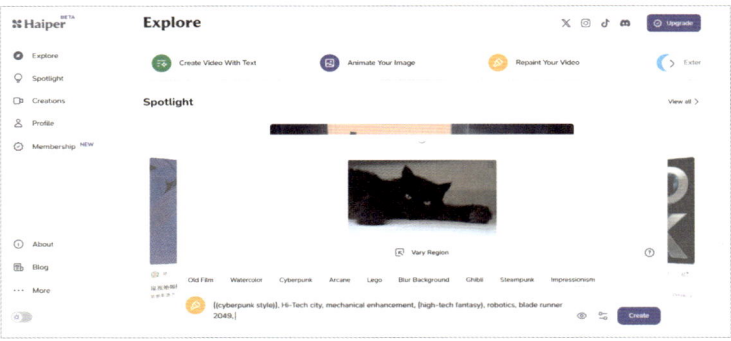

5. 이미지 리페어:

- '리페어 시작' 버튼을 클릭하여 AI가 영상에 스타일이 적용됩니다.

- 생성된 합성 이미지를 미리 보고, 필요에 따라 수정한 후 저장하거나 다운로드합니다.

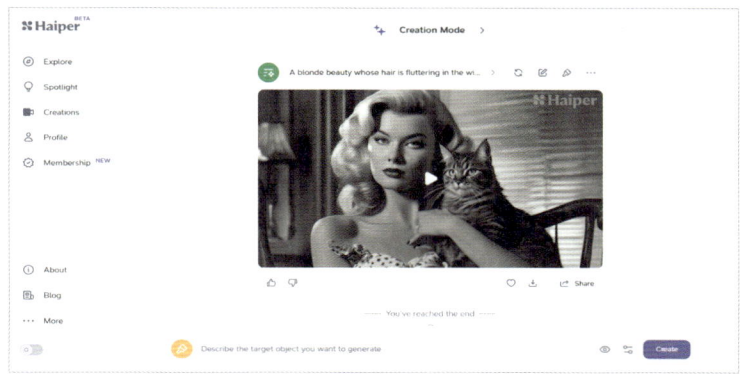

Krea를 활용한 몰핑 영상 제작하기

Krea는 이미지와 이미지를 몰핑(morphing)하여 애니메이션을 생성하는 인공지능 프로그램입니다. 몰핑은 두 개의 이미지를 점진적으로 변형시켜 하나의 이미지에서 다른 이미지로 부드럽게 전환하는 기술입니다. Krea는 이 과정을 자동화하여 사용자가 쉽게 애니메이션을 만들 수 있도록 돕습니다.

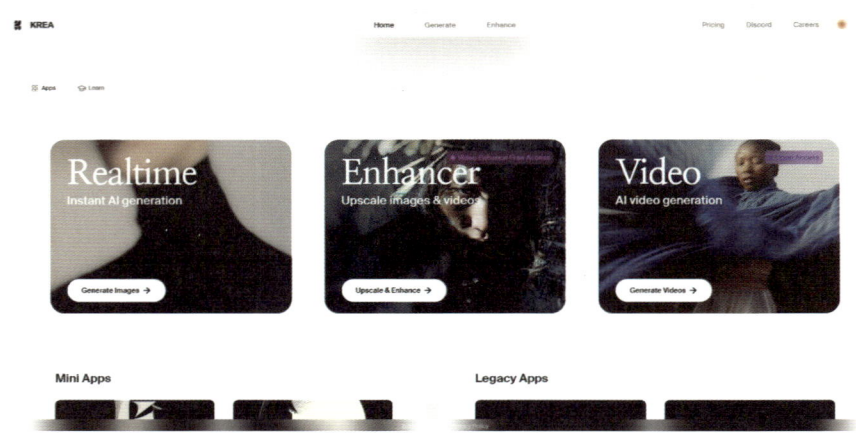

출처 / Krea 홈페이지

Krea 설명

1. **프로젝트 생성**: AI Video generation 을 클릭한다. 프로젝트 창이 생성되면서 레퍼런스(예시)창이 나온다.

2. ⚙ 설정창을 클릭합니다. 화면 비율 및 몰핑이 되는 정도를 조정할 수 있습니다.
Motion Intensity가 수치가 높을수록 몰핑되는 화면변환이 심화됩니다.

3. 이미지 및 영상 불러오기 : Bing Image Creator나 Flair 에서 생성한 이미지를 불러와 배치시킵니다. 클립의 영상길이는 최소 2초 이상으로 설정합니다.

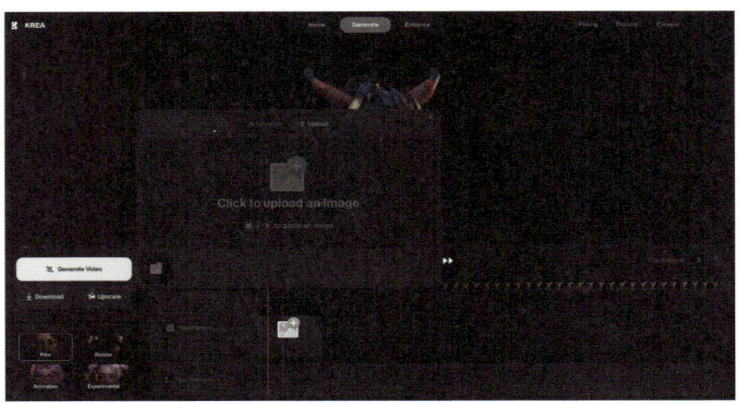

4. 텍스트 프롬프트 작성: 텍스트 프롬프트 창에 각각의 장면마다, 원하는 내용들을 영어로만 입력합니다.

"Natural and smooth screen transitions"라고 기입하면 장면 사이의 자연스럽고 부드러운 화면 전환합니다.

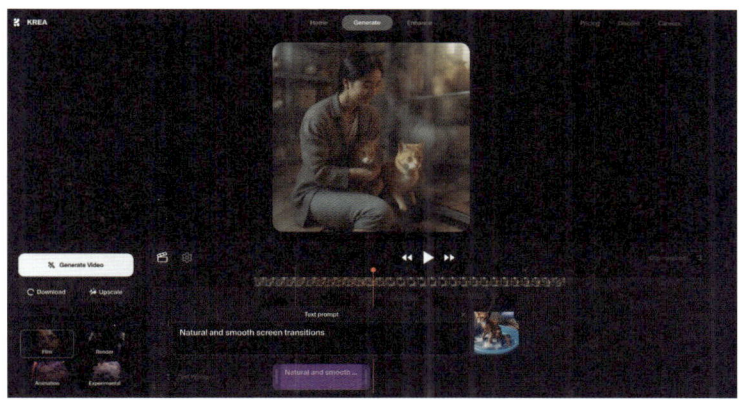

5. 스타일: 왼편에 스타일 설정창이 있습니다.

스타일은 Film, Render, Animation, Experimental 총 4가지 있습니다.

6. 애니메이션 생성 시작: 모든 설정이 완료되면 'Generate Video' 버튼을 클릭하여 몰핑 애니메이션을 생성합니다. 생성 과정은 이미지의 복잡도와 설정에 따라 몇 초에서 몇 분이 걸릴 수 있습니다.

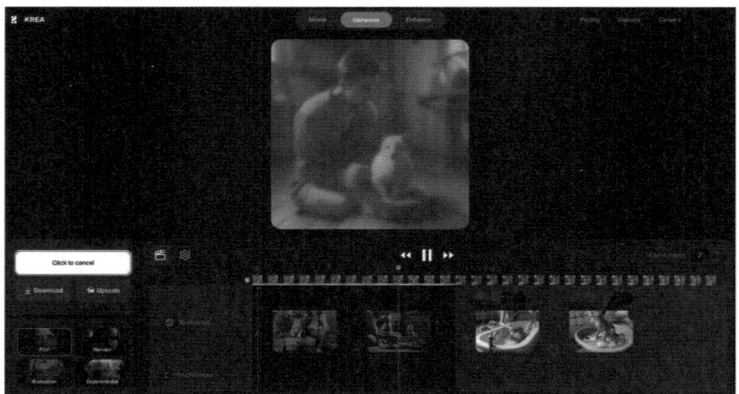

7. 결과 저장: 생성된 애니메이션을 미리보기로 확인하고, 문제가 없다면 파일로 저장합니다.

PART4

영상 편집기술

CapCut으로 편집하기

Vrew를 활용해 텍스트로 쇼츠 영상 만들기

OpusClip 을 활용해 자동 쇼츠클립 만들기

영상 편집 기술

영상 편집 기술은 스토리텔링의 핵심입니다. 편집을 통해 시청자의 주의를 끌고, 감정을 유도하며, 메시지를 명확히 전달할 수 있습니다. 아래는 기본적인 영상 편집 기술들을 소개합니다.

1. 컷 편집 (Cut)

컷 편집은 가장 기본적인 편집 기술로, 불필요한 부분을 제거하고 필요한 부분만 남겨 자연스러운 흐름을 만듭니다.

- **하드 컷 (Hard Cut)**: 명확하게 두 장면을 연결하는 편집 방식.
- **점프 컷 (Jump Cut)**: 동일한 장면에서 시간의 흐름을 나타내기 위해 사용.

2. 트랜지션 (Transition)

트랜지션은 두 장면 사이를 부드럽게 연결하는 기술입니다.

- **페이드 인/아웃 (Fade In/Out)**: 화면을 천천히 밝아지거나 어두워지게 하는 효과.
- **디졸브 (Dissolve)**: 한 장면이 천천히 사라지면서 다음 장면이 나타나는 효과.
- **와이프 (Wipe)**: 한 장면이 다른 장면을 가로지르며 나타나는 효과.

3. 컷어웨이 (Cutaway)

컷어웨이는 메인 액션에서 벗어나 다른 장면을 잠시 보여주는 편집 기술입니다. 이를 통해 상황에 대한 추가 정보를 제공하거나 감정을 강조할 수 있습니다.

4. 몽타주 (Montage)

몽타주는 여러 장면을 짧은 시간에 빠르게 연결하여 하나의 주제를 강조하는 편집 방식입니다. 주로 훈련 장면, 성장 과정 등을 표현할 때 사용됩니다.

5. 매치 컷 (Match Cut)

매치 컷은 두 장면이 형태, 움직임, 색상 등을 통해 연결되는 편집 기술입니다. 이를 통해 장면 전환을 자연스럽게 하고, 시각적인 연결성을 높입니다.

6. 슬로우 모션 (Slow Motion)

슬로우 모션은 장면의 속도를 느리게 하여 중요 순간을 강조하거나 감정을 극대화하는 기술입니다. 반

대로, 빠른 동작을 강조하는 **패스트 모션 (Fast Motion)**도 있습니다.

7. 점프 컷 (Jump Cut)

점프 컷은 같은 장면 내에서 시간의 흐름을 나타내기 위해 사용됩니다. 이를 통해 긴 설명이나 반복적인 동작을 짧게 요약할 수 있습니다.

8. 자막 및 그래픽 삽입

자막과 그래픽은 시청자에게 추가 정보를 제공하고, 비디오의 시각적 흥미를 높입니다.

- **자막**: 대화 내용을 보여주거나, 중요한 정보를 강조하는 데 사용.

- **그래픽**: 통계, 데이터, 타이틀 카드 등을 시각적으로 보여주는 데 사용.

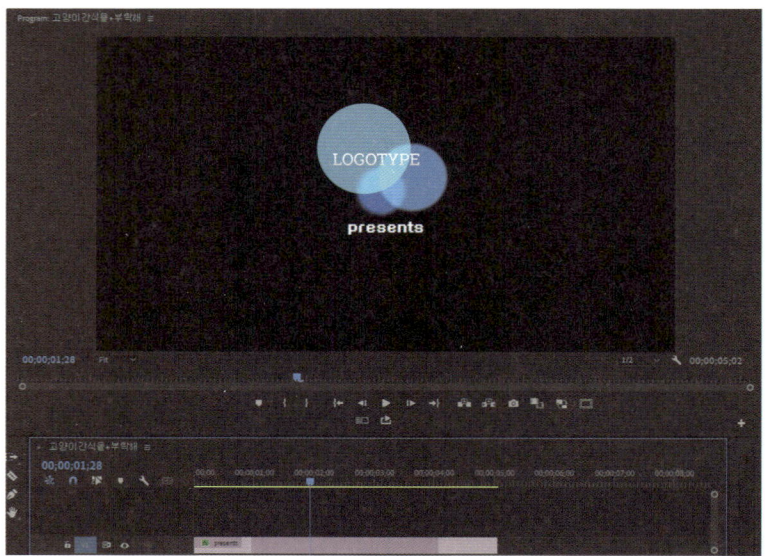

9. 오디오 편집

오디오는 비디오의 분위기를 설정하고, 시청자의 감정을 유도하는 중요한 요소입니다.

- **백그라운드 음악**: 장면의 분위기를 설정.
- **사운드 이펙트**: 특정 동작이나 이벤트를 강조.
- **대화 편집**: 대화의 명확성을 높이고, 불필요한 소음을 제거.

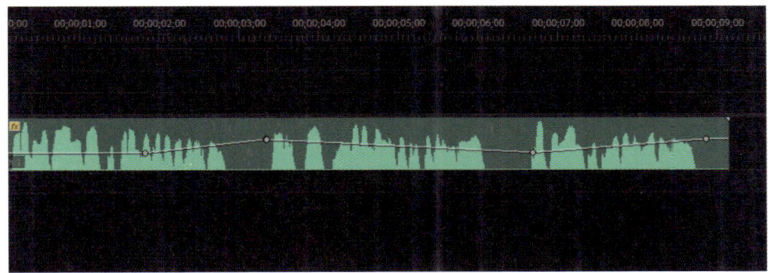

실습 예시: 고양이 입양 과정 비디오 편집

1. 컷 편집:
- 불필요한 부분을 제거하고, 중요한 순간만 남깁니다.

2. 트랜지션:
- 입양 센터에서 고양이를 만나는 장면과 집으로 데려오는 장면 사이에 페이드 인/아웃 트랜지션을 사용합니다.

3. 컷어웨이:
- 고양이를 소개하는 내레이션 중간에 고양이의 클로즈업 장면을 컷어웨이로 삽입합니다.

4. 몽타주:
- 고양이와의 첫 만남부터 집에 데려오는 과정을 빠르게 보여주는 몽타주를 만듭니다.

5. 슬로우 모션:
- 고양이가 처음 집에 들어오는 순간을 슬로우 모션으로 강조합니다.

6. 자막 및 그래픽 삽입:

- 중요한 정보나 대화 내용을 자막으로 추가하고, 고양이의 이름과 특징을 그래픽으로 보여줍니다.

7. 오디오 편집:
- 배경 음악을 추가하고, 고양이 소리와 대화를 명확하게 들리도록 편집합니다.

이러한 편집 기술을 통해 비디오를 더욱 흥미롭고, 시청자에게 효과적으로 메시지를 전달할 수 있습니다.

각 기술을 적절히 조합하여 스토리텔링의 완성도를 높이는 것이 중요합니다.

CapCut으로 편집하기

CapCut 설치 및 실행

- **앱 다운로드**: CapCut 앱을 스마트폰이나 태블릿에 다운로드하여 설치합니다. CapCut은 iOS와 Android 모두에서 사용할 수 있습니다.
- **앱 실행**: 설치가 완료되면 CapCut 앱을 실행합니다.

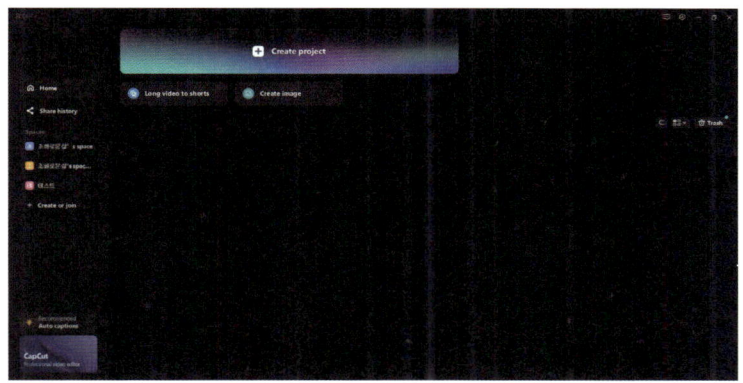

출처 / CapCut

1. 새로운 프로젝트 시작

- **새 프로젝트 생성**: CapCut 메인 화면에서 "Create Project"를 클릭하여 새로운 프로젝트를 시작합니다.
- **비디오 추가**: Runway에서 다운로드한 애니메이션 파일을 선택하여 프로직트에 추가합니다. 추가적으로 저작권이 없는 무료 사진(Pixabay, Pexels)에서 이미지나 영상을 다운로드 받아 파일을 불러오기 합니다.

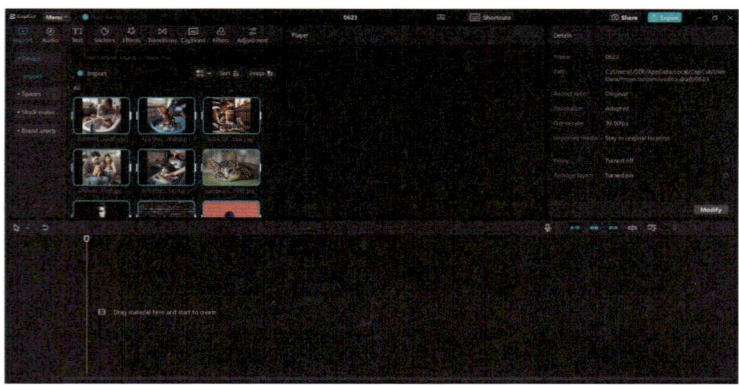

2. 비디오 트리밍 및 분할

- **트리밍**: 비디오 클립의 시작과 끝 부분을 잘라내어 원하는 부분만 남깁니다. 타임인디케이트(시간지시자) 기준으로 좌우로 트리밍을 할 수 있습니다. 왼쪽부분을 트리밍하고 싶으면 Q, 오른쪽을 트리밍하고 싶으면 W를 클릭합니다.
- **분할**: 비디오 클립을 여러 부분으로 분할하여 각각 다른 효과를 적용할 수 있습니다.
타임인디케이트 기준으로 Crtl+B를 클릭하면 분할됩니다.

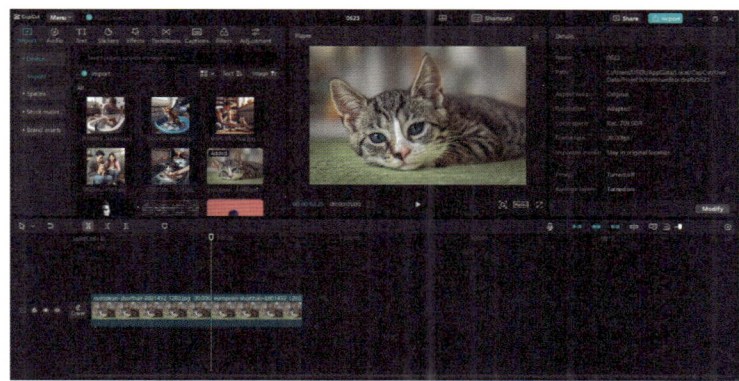

3. 필터 및 효과 적용

- **필터 선택**: 좌측 상단에서 필터를 클릭한다. 다양한 필터 중 원하는 것을 선택하여 비디오에 적용합니다.
- **비디오 효과 추가**: 좌측 상단에서 효과를 클릭한다. 비디오 클립에 추가 효과를 적용하여 더욱 매력적인 비디오를 만듭니다.

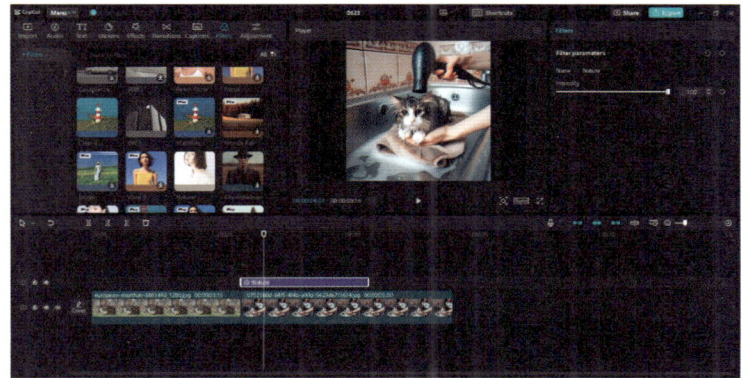

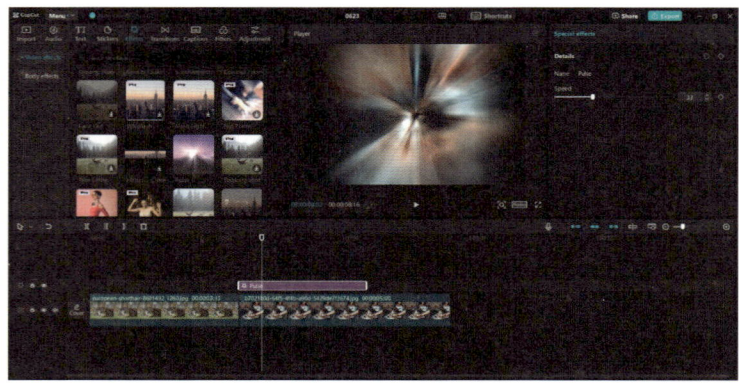

4. 트랜지션 적용 및 텍스트 적용

- **트랜지션 선택**: 좌측 상단에서 트랜지션(화면전환)을 클릭한다. 다양한 트랜지션 중 원하는 것을 선택하여 비디오와 비디오사이에 적용합니다. 혹은 비디오 클립의 앞과 뒤에 적용할 수 있습니다.
- **텍스트 추가**: 좌측 상단에서 텍스트를 클릭한다. 텍스트에 추가하고 스티커를 적용하여 가독성과 심미성이 뛰어난 디자인을 할 수 있습니다.

5. 최종 편집 및 내보내기

- **편집 검토**: 모든 편집 작업이 완료되면 비디오를 검토하여 수정할 부분이 있는지 확인합니다.
- **비디오 내보내기**: 편집이 완료된 비디오를 내보내기 옵션을 통해 저장합니다.

필요한 해상도와 포맷을 선택하여 비디오 파일을 저장합니다.

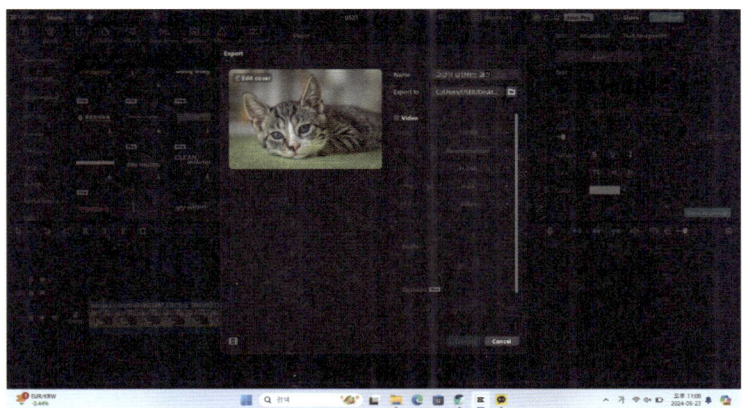

추가 Tip

Capcut는 긴 영상을 짧은 영상(쇼츠)으로 자동 변환하는 기능이 포함 되어 있으며, 영상 커버 이미지를 자유롭게 디자인하는 툴도 포함되어 있어서 활용해서 다양한 영상과 이미지를 생성해보세요

영상 코덱과 포맷에 대한 설명

영상 코덱 (Video Codec)

영상 코덱은 비디오 파일의 데이터를 압축하고 해제하는 알고리즘을 말합니다. 코덱은 데이터를 효율적으로 저장하고 전송할 수 있도록 비디오 파일의 크기를 줄이는 역할을 합니다. 다양한 코덱이 있으며, 각 코덱은 특정한 목적과 요구에 맞게 설계되었습니다.

1. H.264/AVC (Advanced Video Coding)
- **특징**: 높은 압축률과 우수한 화질 제공.
- **용도**: 대부분의 스트리밍 서비스, Blu-ray 디스크, YouTube, 그리고 모바일 디바이스에서 사용.

2. H.265/HEVC (High Efficiency Video Coding)
- **특징**: H.264보다 약 50% 더 높은 압축률 제공, 4K 및 8K 비디오 지원.
- **용도**: 고해상도 비디오 스트리밍 및 저장, 4K Blu-ray 디스크, Netflix, Apple TV 등.

3. VP9
- **특징**: 구글이 개발한 오픈 소스 코덱, H.265와 유사한 압축률 제공.
- **용도**: YouTube와 같은 구글 서비스, 웹 브라우저에서의 비디오 스트리밍.

4. AV1
- **특징**: AOMedia(Alliance for Open Media)에서 개발한 오픈 소스 코덱, 매우 높은 압축률

제공.

- **용도**: 차세대 비디오 스트리밍, Netflix, YouTube 등.

5. MPEG-2

- **특징**: 비교적 낮은 압축률, 디지털 TV와 DVD에서 사용.
- **용도**: DVD 비디오, 디지털 방송.

6. ProRes

- **특징**: 애플에서 개발한 고품질의 비디오 코덱, 편집과 후반 작업에 적합.
- **용도**: 전문 비디오 편집, 영화 제작, Final Cut Pro 등.

출처 / 픽사베이

영상 포맷 (Video Format)

영상 포맷은 비디오 파일을 저장하는 컨테이너 형식을 말합니다. 컨테이너는 비디오, 오디오, 자막 및 메타데이터를 포함할 수 있습니다. 다양한 포맷이 있으며, 각 포맷은 특정한 요구와 사용에 맞게 설계되었습니다.

1. MP4 (MPEG-4 Part 14)
- **특징**: 널리 사용되는 비디오 포맷, 다양한 디바이스와 호환.
- **용도**: 온라인 스트리밍, 소셜 미디어, 모바일 디바이스, 웹 브라우저.

2. MOV
- **특징**: 애플이 개발한 포맷, 높은 품질의 비디오 및 오디오 지원.
- **용도**: 비디오 편집, QuickTime 플레이어, iOS 및 macOS 디바이스.

3. AVI (Audio Video Interleave)
- **특징**: 마이크로소프트가 개발한 포맷, 오래된 포맷이지만 여전히 사용.
- **용도**: 윈도우 기반 디바이스, 고품질 비디오 저장.

4. MKV (Matroska)
- **특징**: 오픈 소스 포맷, 다양한 비디오, 오디오 및 자막 트랙 지원.
- **용도**: HD 비디오 저장, 블루레이 리핑, 온라인 배포.

5. WMV (Windows Media Video)
- **특징**: 마이크로소프트가 개발한 포맷, 윈도우 환경에서 최적화.

- **용도**: 윈도우 기반 디바이스, 스트리밍 미디어.

6. FLV (Flash Video)
- **특징**: 어도비 플래시를 사용한 비디오 포맷, 스트리밍에 최적화.
- **용도**: 온라인 비디오 스트리밍, 특히 과거의 웹 비디오.

7. WEBM
- **특징**: 오픈 소스 포맷, 웹 브라우저와 HTML5 비디오에서 최적화.
- **용도**: 웹 비디오 스트리밍, YouTube, 웹사이트 삽입 비디오.

출처 / 픽사베이

Vrew를 활용해 텍스트로 쇼츠 영상 만들기

Vrew는 인공지능 기반의 자막 생성 및 편집 소프트웨어로, 이를 활용해 텍스트만로 YouTube Shorts를 제작할 수 있습니다. 아래는 Vrew를 활용하여 YouTube Shorts를 만드는 방법에 대한 단계별 가이드입니다.

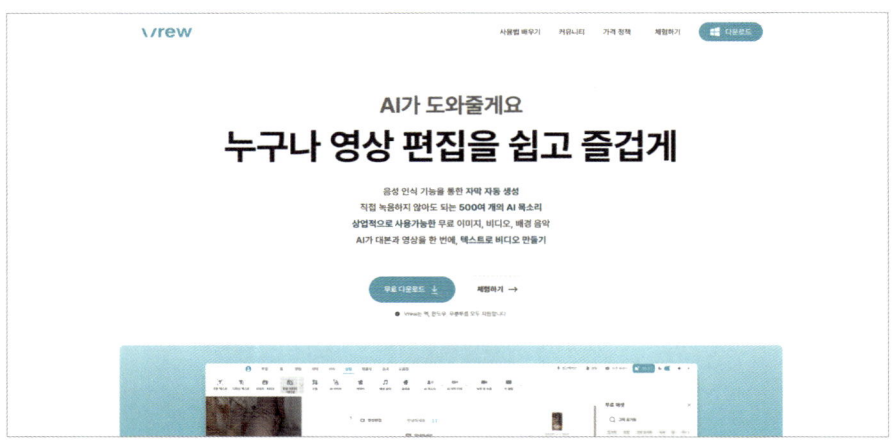

출처 / Vrew 홈페이지

1. Vrew 다운로드 및 설치

1. Vrew 웹사이트 방문: [Vrew 공식 웹사이트](https://vrew.voyagerx.com/)에 접속합니다.

2. 다운로드: 웹사이트에서 운영체제에 맞는 설치 파일을 다운로드합니다.

3. 설치: 다운로드한 파일을 실행하여 Vrew를 설치합니다.

2. Vrew 실행 및 새 프로젝트 생성

1. Vrew 실행: 설치가 완료되면 Vrew를 실행합니다.

2. 새 프로젝트 생성: 메인 화면에서 "새로 만들기" 버튼을 클릭합니다.

2. 텍스트로 비디오 만들기: 화면에서 "텍스트로 비디오 만들기" 선택합니다.

3. 화면 비율 정하기

1. 화면비율: "쇼츠 9:16" 버튼을 클릭하여 YouTube Shorts으로 제작합니다.

2. 자막생성: 자동 애니매이션으로 선택하고, 자막길이와 위치를 사용에 맞게 설정합니다.

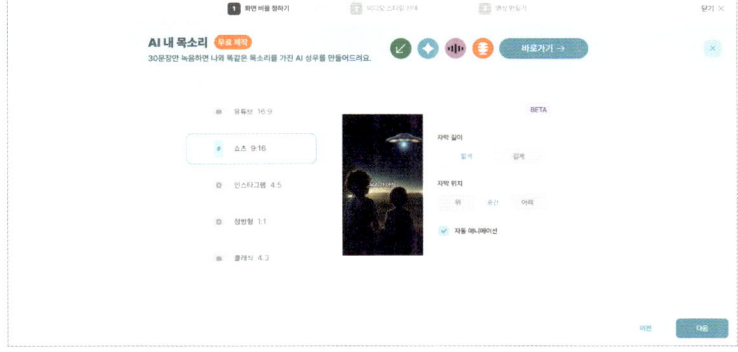

4. 비디오 스타일 선택

-**스타일**: 비디오 스타일은 총 14개가 있습니다. 콘텐츠에 맞는 스타일을 선택합니다.

5. 주제와 대본 쓰기

-**주제**: Vrew은 주제만 정하면 AI가 글을 생성해주는 기능이 있습니다. 1분 정도의 시간이 걸리고 대본을 알아서 완성해줍니다. GPT-3.5기반으로 진행됩니다.

6. 영상 만들기

- **AI 목소리를 콘텐츠에 맞는 목소리, 이미지와 비디오를 설정하고 완료하기 클릭합니다.

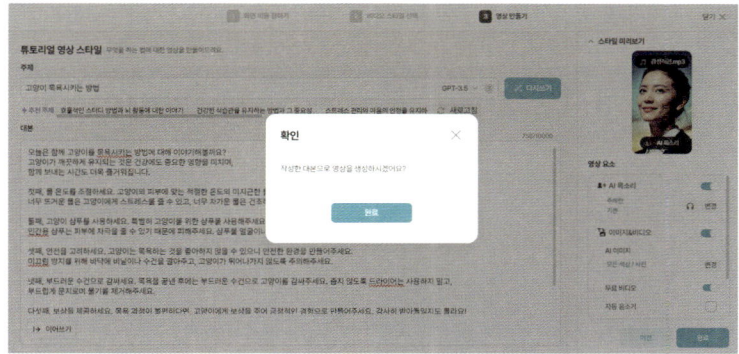

7. 최종 확인 및 내보내기

1. 미리보기: 전체 영상을 미리 보고 필요한 부분을 수정합니다.

　　　　　화면의 왼편에 완성된 영상을 미리보며 확인할 수 있습니다.

　　　　　텍스트 애니메이션, 전환 효과, 오디오가 자연스럽게 연결되었는지 확인합니다.

2. 영상 내보내기: 수정이 완료되면 화면 상단의 "내보내기" 버튼을 클릭하여 영상을 저장합니다.

　　　　　해상도와 포맷을 선택하여 최종 파일로 내보낼 수 있습니다.

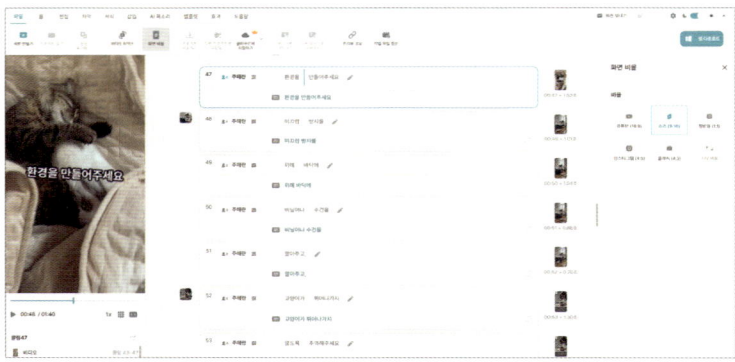

OpusClip 을 활용해 자동 쇼츠클립 만들기

Opus Clip AI는 영상을 자동으로 분석하여 짧은 클립으로 만들어주는 AI 도구입니다. 이 도구를 사용하면 긴 영상을 쉽게 YouTube Shorts 같은 짧은 형식으로 변환할 수 있습니다. 아래는 Opus Clip을 사용하는 방법에 대한 단계별 가이드입니다.

출처 / OpusClip 홈페이지

OpusClip 사용 방법

1. OpusClip 웹사이트 접속 및 계정 생성

1. 웹사이트 방문: [Opus Clip웹사이트](https://clip.opus.pro)에 접속합니다.
2. 계정 생성: 웹사이트에서 계정을 생성하거나 기존 계정으로 로그인합니다.

2. 영상 업로드 또는 링크 입력

1. 영상 업로드:

- 대시보드에서 "Upload Video" 버튼을 클릭합니다.
- 컴퓨터에서 변환할 영상을 선택하여 업로드합니다.

2. 유튜브 링크 입력:

- 대시보드에서 "Enter YouTube Link" 버튼을 클릭합니다.
- 변환할 유튜브 영상의 URL을 입력합니다.

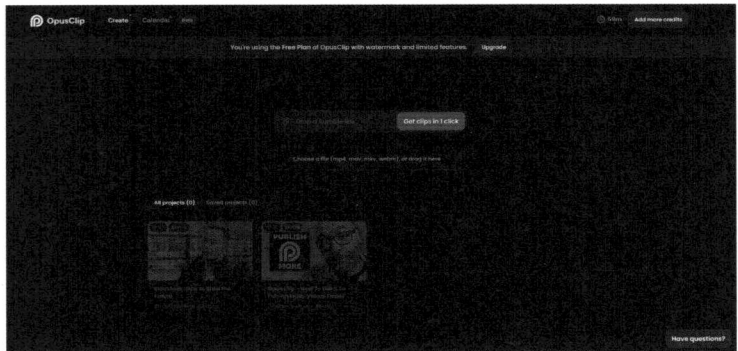

3. 영상 분석 및 클립 생성

1. 영상 분석 시작:
- 업로드하거나 링크를 입력한 영상의 분석을 시작합니다. AI가 자동으로 영상을 분석하여 주요 장면을 식별합니다.

2. 클립 선택:
- 원하는 클립의 영상의 범위를 지정합니다. 예를 들어 0초에서 1초23초로 설정합니다.

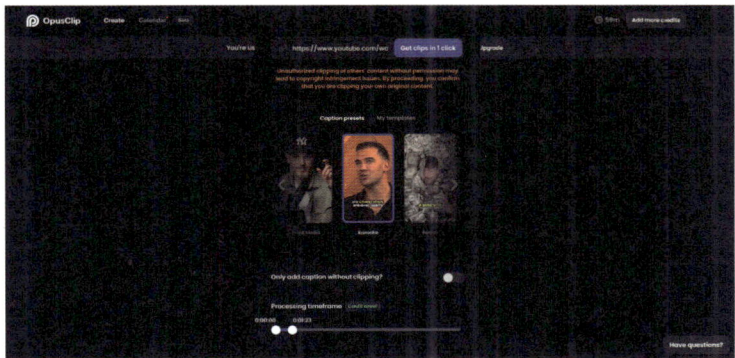

3. 자동 번역 및 캡션선택:

- 번역 유무를 선택할 수 있습니다. 한국어는 아직 지원하지 않아, 영어를 선택합니다.

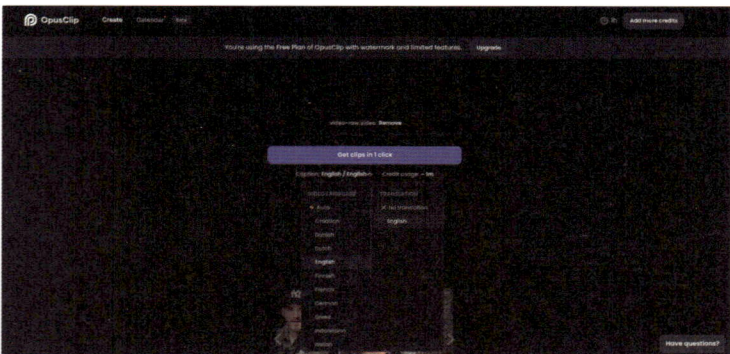

4. 영상 생성.

- "Generate Clips" 버튼을 클릭하여 AI가 자동으로 클립을 생성하게 합니다.

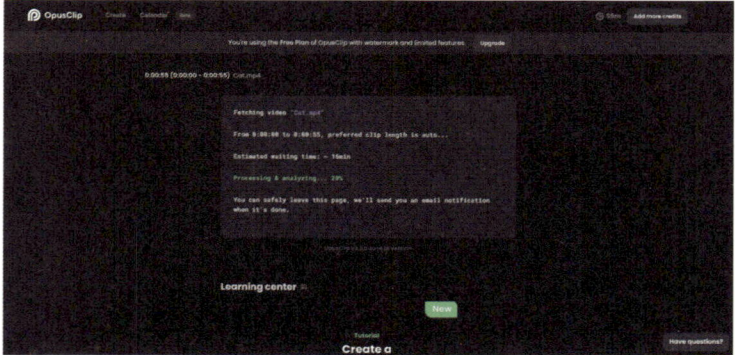

4. 생성된 클립 확인 및 편집

- 클립 확인:

    - 생성된 클립들을 확인합니다. 각 클립을 미리 보기하여 만족스러운지 확인합니다.

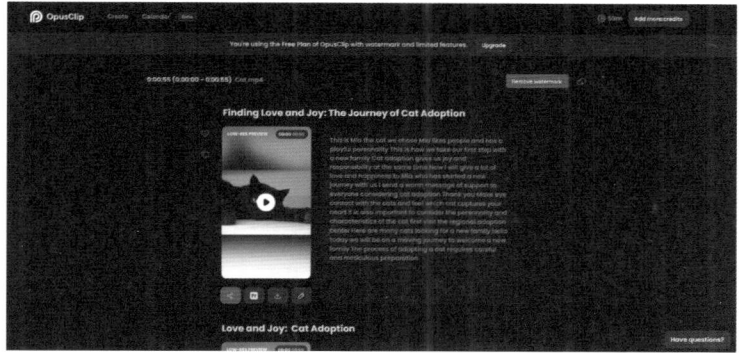

5. 클립 저장 및 내보내기

1. 클립 저장:

- 편집이 완료된 클립을 저장합니다.

2. 내보내기:

- "Export" 버튼을 클릭하여 클립을 내보냅니다.
- 내보낼 파일 형식과 해상도를 선택하여 다운로드합니다.

네이버 클로버 더빙 활용하기

네이버 클로버(Naver Clova)는 네이버가 개발한 인공지능 플랫폼으로, 다양한 AI 서비스를 제공합니다. 특히 음성 합성(TTS: Text-to-Speech) 및 음성 인식(STT: Speech-to-Text) 기술이 뛰어나, 다양한 음성 기반 애플리케이션에서 활용되고 있습니다. 네이버 클로버의 TTS 기능을 사용하면 텍스트를 자연스러운 음성으로 변환할 수 있어, 오디오 콘텐츠 제작에 매우 유용합니다.

출처/ 네이버클로버더빙 홈페이지

주요 기능:

- **음성 합성(TTS)**: 텍스트를 다양한 목소리로 변환할 수 있습니다.
- **음성 인식(STT)**: 음성을 텍스트로 변환할 수 있습니다.
- **다양한 음성 선택**: 남성, 여성, 어린이 등 다양한 목소리를 선택할 수 있습니다.
- **언어 지원**: 여러 언어를 지원하여 다국어 콘텐츠 제작에 용이합니다.

네이버 클로버 더빙 회원가입 및 로그인

네이버 클로버 더빙의 TTS 기능을 사용하기 위해서는 네이버 클로버 계정을 생성하고 로그인해야 합니다.

1. 네이버 클로버 더빙 웹사이트 방문
- **웹사이트 접속**: 네이버 클로버 더빙의 공식 웹사이트에 접속합니다.

2. 회원가입
- **회원가입 버튼 클릭**: 웹사이트 상단의 회원가입 버튼을 클릭합니다.
- **정보 입력**: 이메일 주소, 비밀번호 등 필요한 정보를 입력하여 회원가입을 완료합니다.

3. 로그인
- **로그인 버튼 클릭**: 회원가입이 완료되면 로그인 버튼을 클릭합니다.
- **계정 정보 입력**: 이메일 주소와 비밀번호를 입력하여 로그인합니다.

4. 프로젝트 생성
- **새프로젝트를 생성하고 프로젝트명을 적고 클릭합니다.

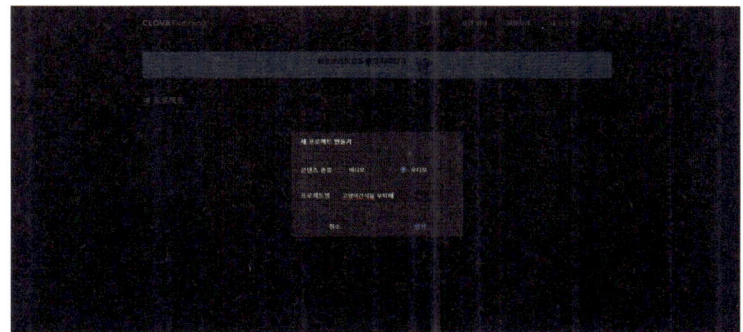

텍스트를 음성으로 변환하기

네이버 클로버 더빙의 TTS 기능을 사용하여 텍스트를 자연스러운 음성으로 변환하는 방법을 알아보겠습니다.

1. 텍스트 입력

- **TTS 페이지 이동**: 로그인 후 네이버 클로버 더빙의 TTS 페이지로 이동합니다.
- **텍스트 입력**: 변환할 텍스트를 입력란에 입력합니다. Chatgpt 에서 고양이 간식을 홍보할 문구를 요청 받아 텍스트를 입력합니다.

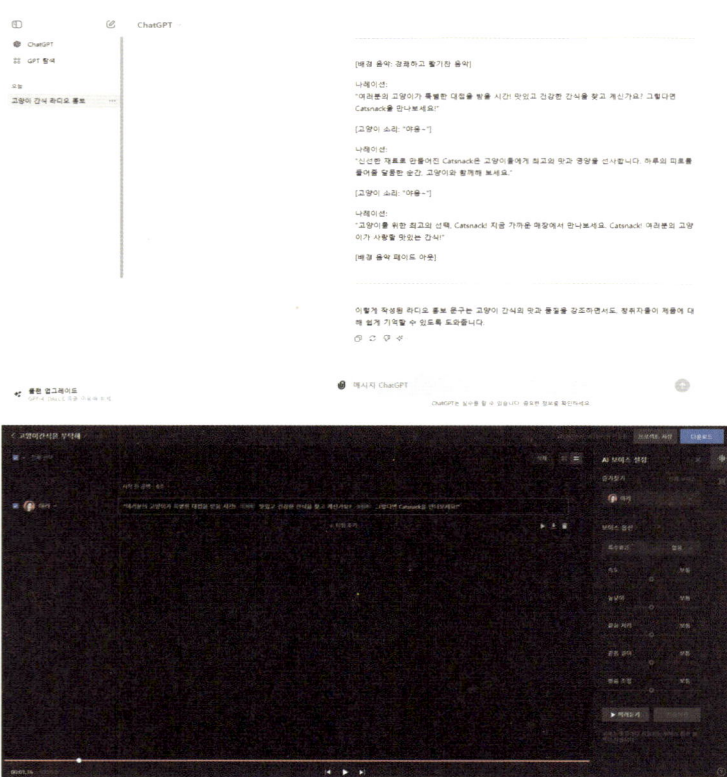

2. 음성 설정

- **목소리 선택**: 다양한 음성 옵션 중 원하는 목소리를 선택합니다. 남성, 여성, 어린이 등 다양한 목소리가 제공됩니다.
- **속도 및 톤 설정**: 음성의 속도와 톤을 조절하여 원하는 음성 스타일을 설정합니다.

3. 음성 생성

- **생성 버튼 클릭**: 설정이 완료되면 음성 생성 버튼을 클릭하여 텍스트를 음성으로 변환합니다.
- **미리듣기**: 생성된 음성을 미리 들어보고, 필요에 따라 설정을 조정합니다.

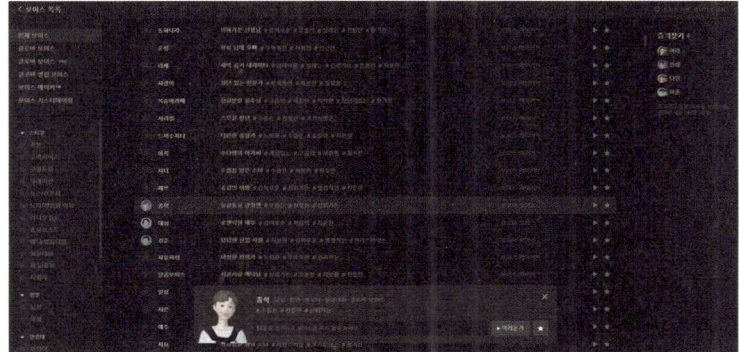

네이버 클로바 더빙의 음성 파일 다운로드 방법 및 주의사항에 대한 안내입니다

1. 다운로드 버튼 클릭:
- 최종적으로 만족스러운 음성이 생성되면 다운로드 버튼을 클릭하여 음성 파일을 저장합니다.

2. 주의사항 안내:
- 네이버 클로바 더빙의 무료 버전에서는 출처 표기를 명시해야 하며, 상업적인 용도로 사용하려면 유료 버전을 사용해야 합니다.
- 무료 버전에는 한 달에 사용할 수 있는 글자 수가 정해져 있습니다.
- 최종적으로 만족스러운 음성이 생성되면 다운로드 버튼을 클릭하여 음성 파일을 저장합니다.

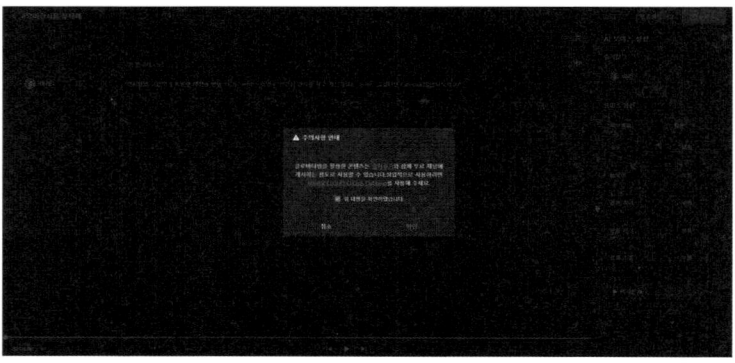

3. 음원 파일 저장 방식 선택:
- **전체 음원 파일로 저장**: 하나의 파일로 저장하여 관리가 간편하지만, 긴 호흡의 음성이 많다면 편집이 어려울 수 있습니다.
- **개별 문단 파일로 저장**: 더빙한 음성이 많고 호흡이 길게 녹음된 경우, 개별 문단별로 저장하는 것이 좋습니다. 이렇게 하면 Capcut에서 오디오를 정리하고 믹싱하기 훨씬 편리합니다.

4. 파일 형식 선택:
- **MP3**: 파일 크기가 작고 대부분의 기기에서 호환성이 좋습니다. 음질이 약간 떨어질 수 있지만, 일반

적인 용도로는 충분합니다.

- **WAV**: 음질이 뛰어나지만 파일 크기가 큽니다. 고음질이 필요한 경우에 적합합니다. 그러나, MP3로 저장해도 큰 문제가 없으며, 일반적인 사용에는 적합합니다.

이 정보를 바탕으로 음성 파일을 효율적으로 저장하고 편집하여 활용하시기 바랍니다.

5. 커스터마이징 기능

보이스 메이커 및 보이스 커스터마이징:

오른쪽 상단의 보이스 목록에서 보이스 메이커와 보이스 커스터마이징을 통해 나만의 특별한 목소리를 만들 수 있습니다.

음의 속도, 높낮이, 끝음 처리, 끝음 길이 등을 조정하여 커스텀하게 조정이 가능합니다. 이 기능은 특히 한국어에 특화되어 있습니다.

나의 목소리를 녹음하여 AI 목소리로 변환해 더빙용으로 사용할 수도 있습니다.

고양이를 입양할 때의 적절한 나레이션 스크립트

고양이를 입양하는 과정은 감동적이면서도 신중하게 접근해야 하는 중요한 순간입니다. 다음은 고양이 입양 과정을 담은 1분 정도의 나레이션 스크립트 예시입니다.

나레이션 스크립트: 고양이 입양 과정

[인트로 음악]

나레이션:
"안녕하세요, 오늘 우리는 새로운 가족을 맞이하는 감동적인 여정을 함께할 것입니다. 고양이를 입양하는 과정은 신중하고 세심한 준비가 필요합니다."

[장면: 입양 센터 외부 전경]

나레이션:
"우선, 지역 입양 센터를 방문합니다. 여기에는 새로운 가족을 찾고 있는 많은 고양이들이 있습니다."

[장면: 입양 센터 내부, 다양한 고양이들]

나레이션:
"고양이들과 눈을 맞추고, 어떤 고양이가 여러분의 마음을 사로잡는지 느껴보세요. 고양이의 성격과 특성을 고려하는 것도 중요합니다."

[장면: 특정 고양이와의 첫 만남]

나레이션:

"우리가 선택한 고양이, 미아입니다. 미아는 사람을 좋아하고, 장난기 많은 성격이 특징입니다."

[장면: 고양이와의 교감 장면]

나레이션:

"입양을 결정하기 전에, 잠시 시간을 내어 고양이와 교감해보세요. 이 시간이 고양이와의 유대감을 형성하는 데 도움이 됩니다."

[장면: 입양 서류 작성]

나레이션:

"이제 입양 서류를 작성하고, 필요한 절차를 마칩니다. 고양이를 입양하는 것은 책임감을 동반하는 중요한 결정입니다."

[장면: 고양이를 데리고 집으로 돌아가는 장면]

나레이션:

"모든 준비가 끝났다면, 고양이를 새로운 집으로 데려가는 순간입니다. 이 작은 친구는 이제 우리의 가족이 되었습니다."

[장면: 고양이가 새로운 집에 도착하는 장면]

나레이션:

"고양이에게 새로운 집을 소개하고, 편안하게 적응할 수 있도록 도와주세요. 적응 기간 동안 많은 사랑과 관심을 주는 것이 중요합니다."

[장면: 고양이가 집에서 편안하게 있는 모습]

나레이션:
"이렇게 우리는 새로운 가족과 함께 첫 발을 내딛습니다. 고양이 입양은 우리에게 기쁨과 책임감을 동시에 안겨줍니다."

[아웃트로 음악]

나레이션:
"이제 우리와 함께 새로운 여정을 시작한 미아에게 많은 사랑과 행복을 주겠습니다. 고양이 입양을 고려하시는 모든 분들께 따뜻한 응원의 메시지를 전합니다. 감사합니다."

D-iD를 활용하여 아바타 더빙

D-iD를 활용하여 아바타 더빙을 제작하는 방법은 다음과 같습니다.

이 가이드에서는 기본적인 사용법과 Tip을 다루겠습니다.

1. ElevenLabs 가입 및 로그인

1. 웹사이트 방문: [D-iD 웹사이트](https://www.d-id.com/)에 접속합니다.

2. 가입: 필요한 경우 회원 가입을 진행합니다.

3. 로그인: 기존 계정이 있다면 로그인합니다.

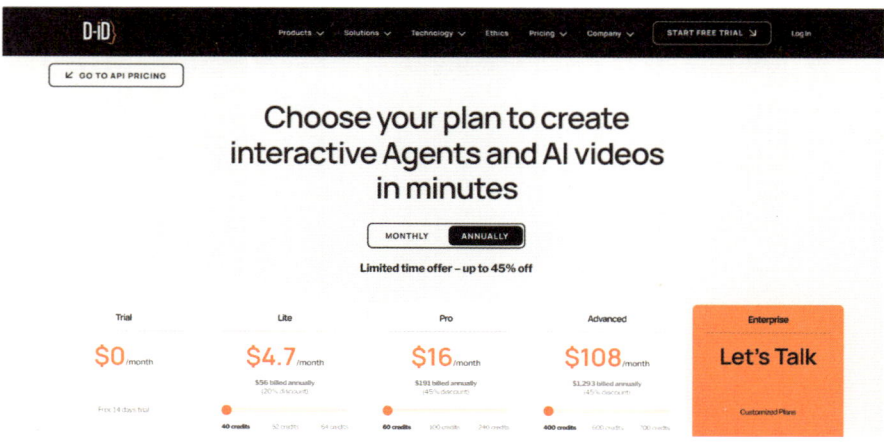

출처 / D-iD 홈페이지

2. 아바타 생성해서 오디오 생성하기

1. Create a video를 클릭해서 비디오스튜디오 이동합니다.

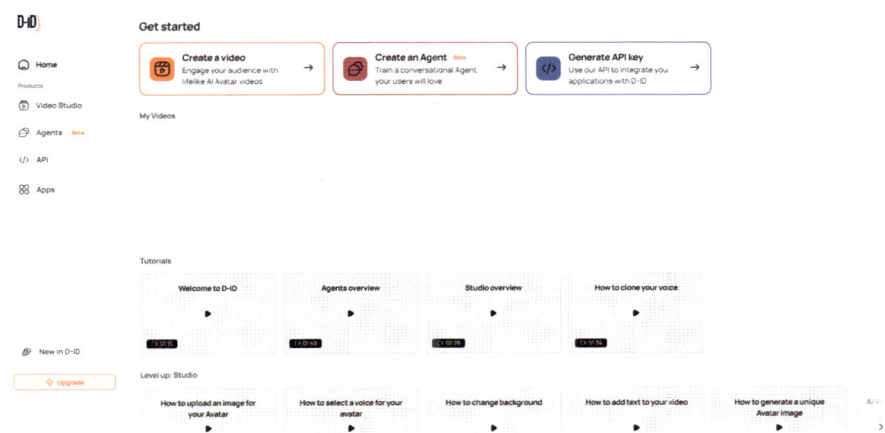

2. 아바타를 선택해야 합니다. 나의 영상이나 이미지를 업로드할 수 있습니다. 제공되는 아바타를 사용할 수도 있습니다.

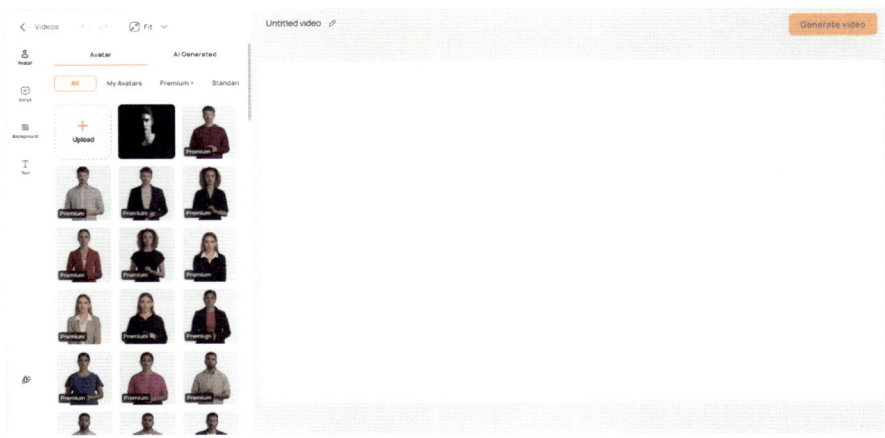

3. 업로드된 사진의 표정과 무브먼트를 설정할 수 있습니다.

4. 목소리 선택: 기본 제공되는 목소리 중 하나를 선택하거나 사용자 지정 목소리를 설정합니다.

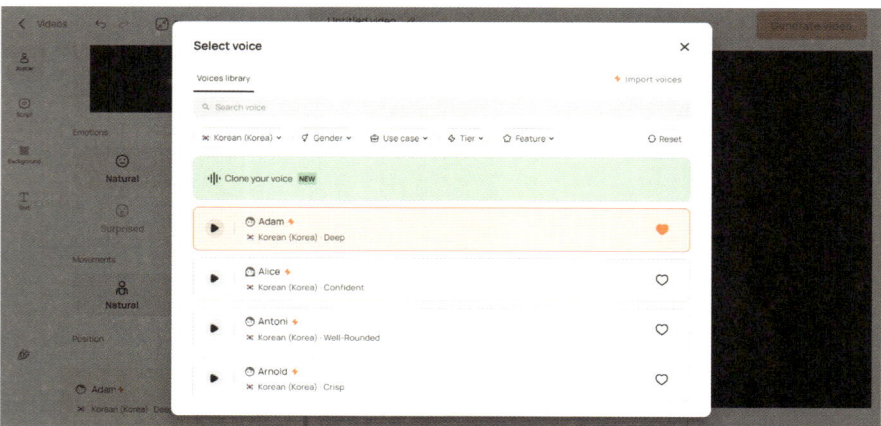

5. **Script** 선택하고 더빙할 텍스트를 입력합니다. 입력한 텍스트가 나레이션으로 변환됩니다. 무료버전에서는 4000자내외로 입력할 수 있습니다.

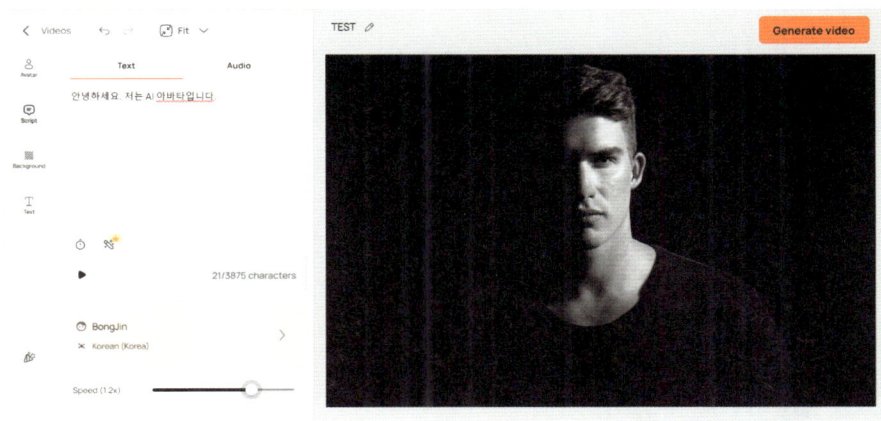

6. **생성 및 다운로드**: 설정이 완료되면 'Generate' 버튼을 눌러 오디오 파일을 생성합니다. 생성된 파일을 다운로드합니다.

7. AI 아바타를 선택해서 더빙할 수 있습니다. 아바타에서 AI Generated를 선택합니다.

텍스트 입력창에 원하는 텍스트를 입력합니다. 영어로만 입력해야 합니다.

> 예 : Generate an avatar with short curly hair, green eyes, wearing a blue shirt 라고 입력하면 다음과 같은 아바타가 생성됩니다.

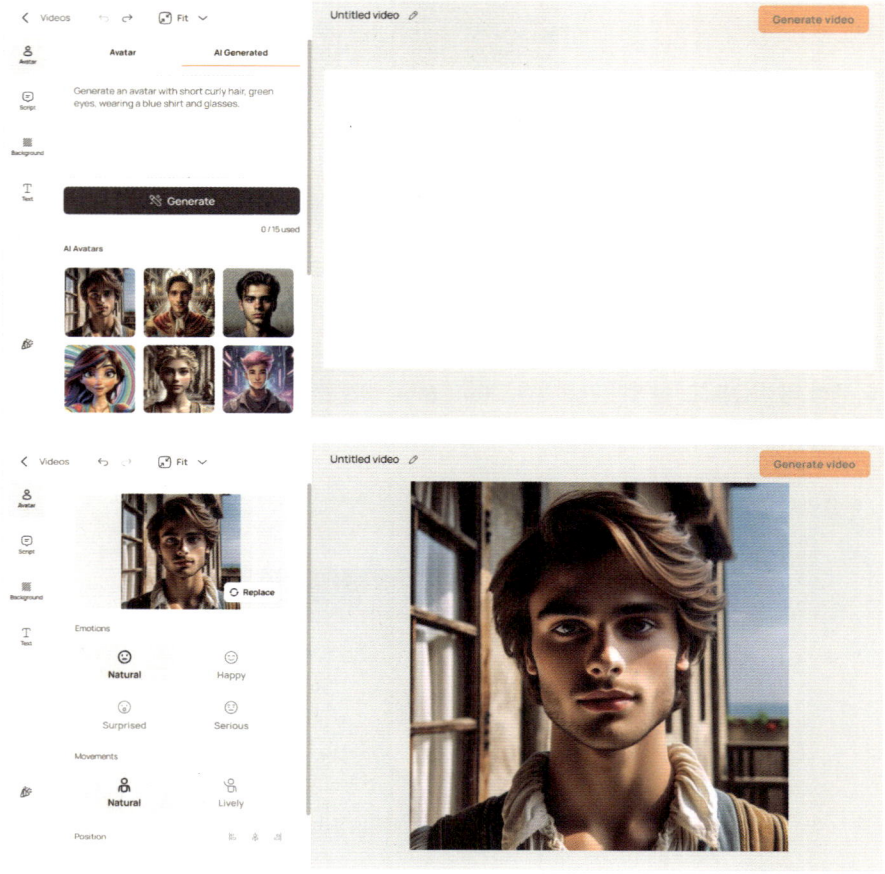

왼쪽 패널 창에 Script 선택하고 더빙할 텍스트를 입력합니다. 입력한 텍스트가 나레이션으로 변환됩니다. 동일하게 AI 아바타가 더빙하는 영상이 생성됩니다.

Suno 소개 및 사용 방법

Suno 소개

Suno는 인공지능을 활용하여 음악을 만들어주는 혁신적인 도구입니다. 이 AI는 다양한 음악 장르와 스타일을 이해하고, 사용자 입력에 따라 독창적이고 매력적인 음악 트랙을 생성합니다. Suno는 음악 제작자, 작곡가, 콘텐츠 크리에이터들에게 유용하며, 간단한 텍스트 설명이나 음악적 요소를 입력하여 원하는 스타일의 음악을 생성할 수 있습니다.

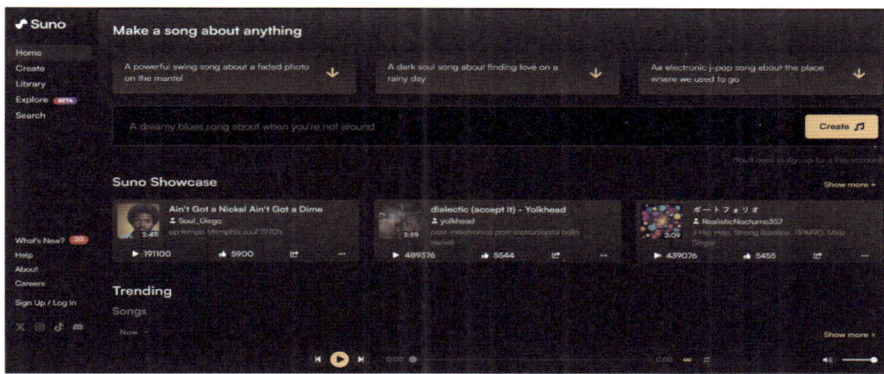

출처 / Suno 홈페이지

Suno의 주요 기능

1. **음악 생성**: 간단한 텍스트 설명이나 음악적 요소를 입력하면 AI가 자동으로 음악 트랙을 생성합니다.
2. **다양한 장르 지원**: 클래식, 팝, 재즈, 힙합 등 다양한 음악 장르를 지원합니다.
3. **맞춤형 음악**: 사용자가 원하는 스타일, 분위기, 템포 등을 설정하여 맞춤형 음악을 제작할 수 있습니다.
4. **고품질 출력**: 생성된 음악을 고음질로 출력하여 다양한 플랫폼에서 사용할 수 있습니다.

Suno 사용 방법

1. Suno 웹사이트 접속 및 로그인

- Suno 웹사이트에 접속하여 계정을 생성하고 로그인합니다.

2. 새 프로젝트 시작

- 대시보드에서 'Create'를 클릭하여 음악 제작을 시작합니다.
- 타이틀 이름과 세부 설정을 입력합니다.

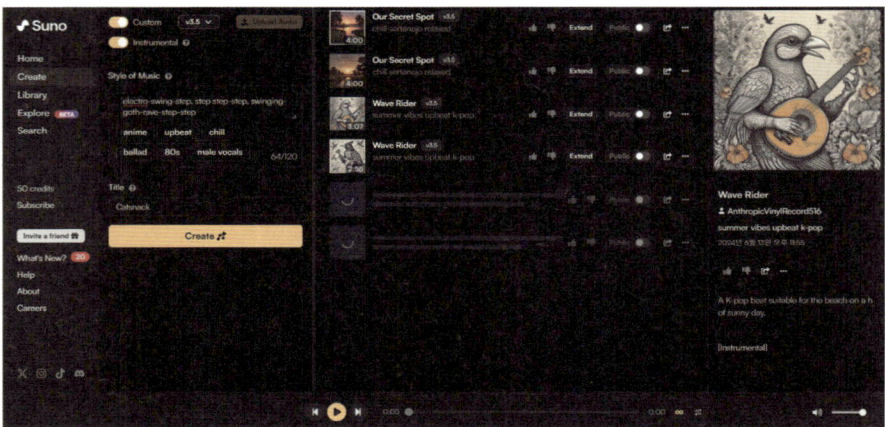

3. 생성 버전설정

① Suno 3.5 (최신 모델):

- **기능**: 이 버전은 개선된 곡 구조로 더욱 일관된 흐름과 배치를 제공하는 데 능숙합니다. 최대 4분까지의 곡을 작곡할 수 있어, 보다 복잡한 작곡과 음악적 주제의 발전을 가능하게 합니다.

② Suno v3 (다재다능):

- **기능**: Suno v3는 다양한 장르와 스타일의 음악을 생성하는 데 능숙합니다. 최대 2분까지의 곡을 빠르게 작곡할 수 있어, 다양한 음악적 산출물을 만들어내는 데 적합합니다.

③ **Suno v2 (빈티지)**:

- **기능**: Suno v2 모델은 빈티지 스타일을 강조하며, 최대 1.3분까지의 짧은 작품을 특화하여 제작합니다. 클래식한 음악 스타일의 본질을 포착하여 기억에 남는 짧은 음악 작품을 만드는 데 이상적입니다.

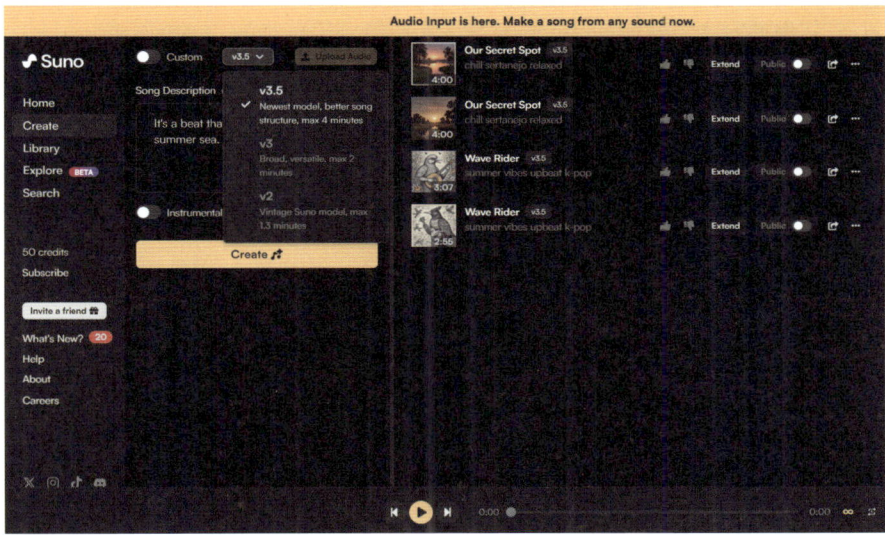

4. 텍스트 설명 또는 음악적 요소 입력

- 원하는 음악 트랙의 텍스트 설명을 입력합니다.

- 예: "경쾌하고 활기찬 팝 음악 트랙."

- 또는 특정 음악적 요소(예: 템포, 키, 악기 등)를 입력하여 더 구체적인 음악을 생성할 수 있습니다.

- 가사 없이 악기만으로 구성하는 음악을 작곡할 수도 있습니다.

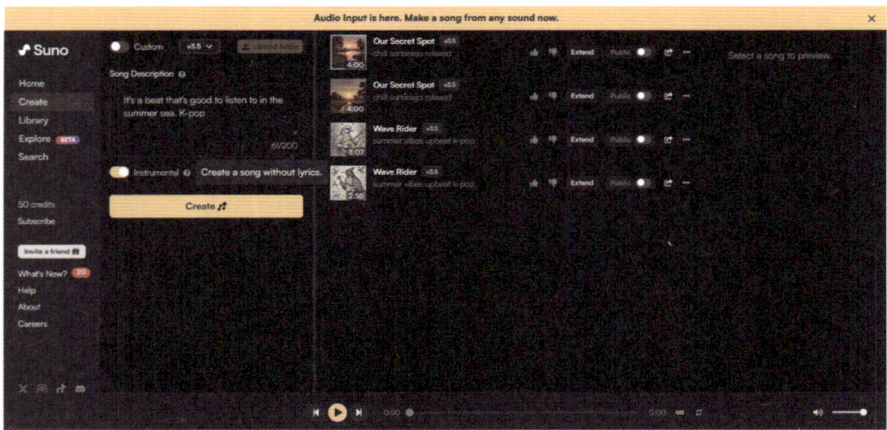

5. 음악 생성

- 입력한 설명이나 요소를 기반으로 '음악 생성' 버튼을 클릭합니다.
- Suno가 자동으로 음악 트랙을 생성합니다.

6. 음악 스타일 편집 및 조정

- 생성된 음악 트랙을 검토하고, 필요 시 템포, 키, 악기 등을 조정합니다.
- Suno의 스타일 추가해서 음악을 세부적으로 조정할 수 있습니다.

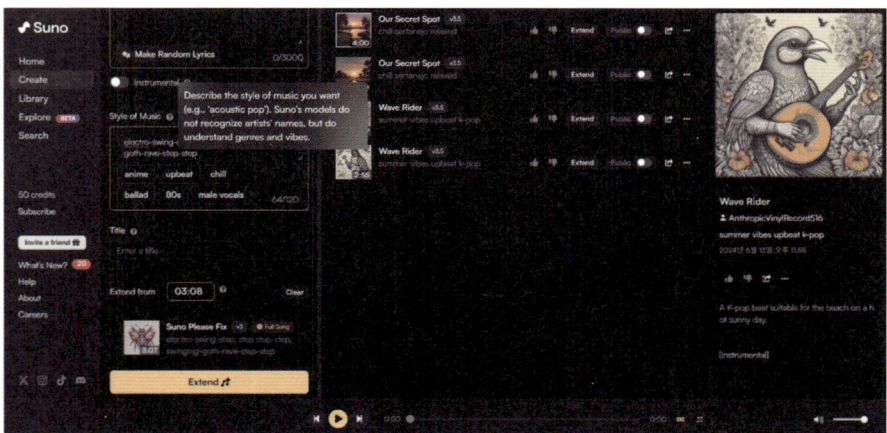

음악 장르와 스타일

음악은 다양한 장르와 스타일로 나뉘며, 각 장르는 고유한 특징과 역사적 배경을 가지고 있습니다. Suno AI는 이러한 다양한 음악 장르를 이해하고, 사용자가 원하는 스타일의 음악을 생성할 수 있도록 돕습니다. 아래는 대표적인 음악 장르와 스타일에 대한 설명입니다.

1. 클래식(Classical)

클래식 음악은 서양 예술 음악 전통에 기반을 두며, 주로 18세기와 19세기 에 작곡된 음악을 의미합니다. 대표적인 작곡가로는 바흐, 모차르트, 베토벤이 있으며, 교향곡, 협주곡, 소나타 등 다양한 형식이 있습니다. 클래식 음악은 복잡한 구조와 다양한 악기의 조화를 특징으로 합니다.

2. 팝(Pop)

팝 음악은 대중적인 취향에 맞춰진 음악으로, 멜로디가 쉽고 기억에 남기 쉬운 것이 특징입니다. 주로 20세기 중반 이후부터 인기를 끌기 시작했으며, 마이클 잭슨, 마돈나, 테일러 스위프트와 같은 아티스트들이 대표적입니다. 팝 음악은 리듬이 강하고, 반복적인 후렴구가 특징입니다.

3. 록(Rock)

록 음악은 1950년대 후반에 시작된 장르로, 강렬한 리듬과 전기 기타의 사용이 특징입니다. 초기 록은 엘비스 프레슬리, 비틀즈와 같은 아티스트들에 의해 대중화되었으며, 이후 하드 록, 얼터너티브 록, 인디 록 등 다양한 하위 장르로 발전했습니다.

4. 재즈(Jazz)

재즈는 20세기 초 미국에서 시작된 음악 장르로, 즉흥 연주와 복잡한 화성 진행이 특징입니다. 대표적인 재즈 음악가로는 루이 암스트롱, 마일스 데이비스, 존 콜트레인이 있습니다. 재즈는 스윙, 비밥, 쿨 재즈 등 여러 스타일로 나뉩니다.

5. 힙합(Hip-Hop)

힙합은 1970년대 뉴욕에서 시작된 문화이자 음악 장르로, 리듬과 라임을 중심으로 한 랩이 특징입니다. 대표적인 힙합 아티스트로는 투팍, 제이지, 카니예 웨스트가 있습니다. 힙합은 또한 그래피티, 비보잉, DJing과 같은 문화적 요소를 포함합니다.

6. EDM(Electronic Dance Music)

EDM은 전자 음악을 기반으로 한 댄스 음악으로, 1980년대부터 인기를 끌기 시작했습니다. 대표적인 하위 장르로는 하우스, 테크노, 트랜스, 덥스텝 등이 있으며, DJ와 프로듀서들이 주요 아티스트입니다. 강렬한 비트와 신디사이저 음향이 특징입니다.

7. 컨트리(Country)

컨트리 음악은 미국 남부에서 시작된 장르로, 어쿠스틱 기타와 밴조 등의 악기를 사용합니다. 대표적인 컨트리 음악가로는 조니 캐시, 돌리 파튼, 가스 브룩스가 있습니다. 컨트리 음악은 서정적인 가사와 전통적인 멜로디가 특징입니다.

8. R&B(Rhythm and Blues)

R&B는 1940년대와 1950년대에 시작된 장르로, 아프리카계 미국인의 리듬과 블루스 전통에 기반을 두고 있습니다. 현대 R&B는 보컬 중심의 멜로디와 부드러운 리듬이 특징이며, 아티스트로는 비욘세, 어셔, 리한나 등이 있습니다.

9. 블루스(Blues)

블루스는 19세기 후반 미국 남부에서 시작된 장르로, 감정적인 가사와 12마디 블루스 구조가 특징입니다. 대표적인 블루스 음악가로는 B.B. 킹, 머디 워터스, 로버트 존슨이 있습니다. 블루스는 슬라이드 기타와 하모니카 사용이 두드러집니다.

10. 라틴(Latin)

라틴 음악은 라틴 아메리카에서 유래한 다양한 음악 스타일을 포함하며, 살사, 탱고, 메렝게, 레게톤 등이 있습니다. 라틴 음악은 리듬이 강하고, 춤을 위한 비트가 특징입니다. 샤키라, 리키 마틴, 마크 앤서니가 대표적인 아티스트입니다.

7. 음악 저장 및 다운로드

- 최종 음악 트랙을 검토한 후, '저장' 또는 '다운로드' 버튼을 클릭하여 음악 파일을 저장합니다.
- 고음질의 음악 파일을 다양한 형식(MP3, WAV 등)으로 다운로드할 수 있습ㅡ디.

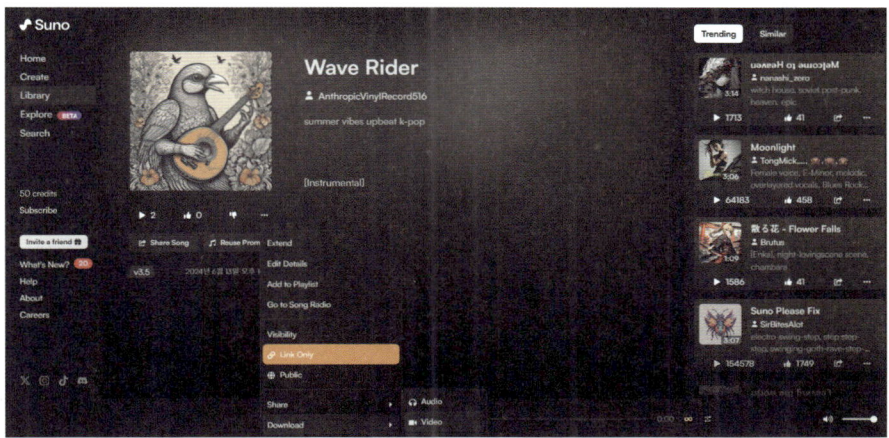

8. 가사 자동 생성

- Generate Lyrics를 클릭하면 무작위로 가사가 생성됩니다.
- 타이틀 제목도 자동 생성됩니다.

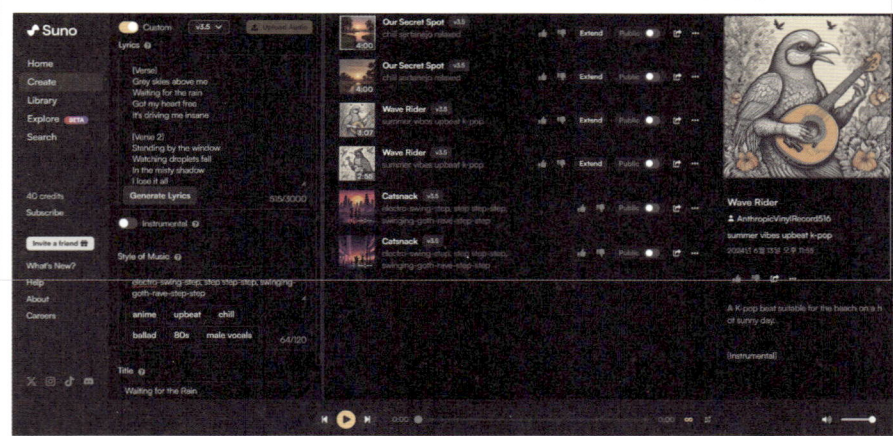

9. 가사 자동 생성

- 다른 창작자들이 만든 음악을 재편집하거나, 음악의 길이 늘려 재생성이 가능합니다.

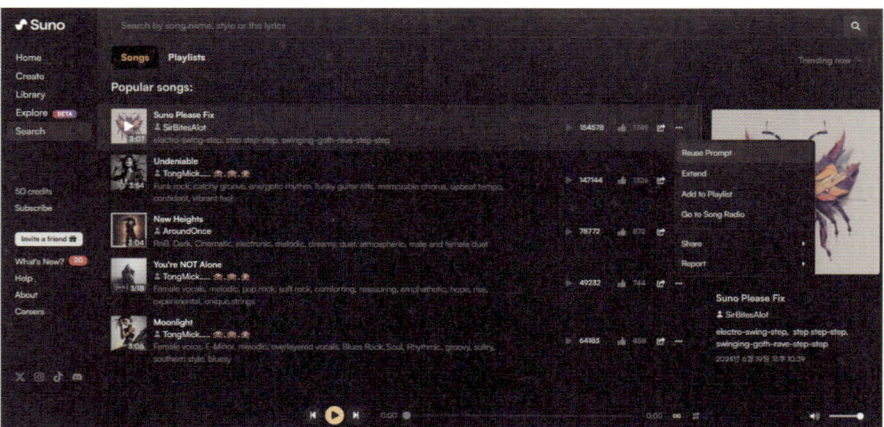

실습 예제: Suno를 활용한 팝 음악 트랙 만들기

실습 목표: Suno를 사용하여 경쾌하고 활기찬 팝 음악 트랙을 제작합니다.

1. 계정 생성 및 프로젝트 설정
- Suno웹사이트에 접속하여 계정을 생성하고 로그인합니다.
- Create클릭한 후 하단에 타이틀 목록에 이름을 '경쾌한 팝 음악'으로 설정합니다.

2. 텍스트 설명 입력
- "경쾌하고 활기찬 팝 음악 트랙"이라는 설명을 입력합니다.

3. 음악 생성
- '음악 생성' 버튼을 클릭하여 Suno가 자동으로 팝 음악 트랙을 생성하도록 합니다.

4. 음악 편집 및 조정
- 생성된 음악 트랙을 검토하고, 필요 시 템포, 키, 악기 등을 조정하여 원하는 느낌을 더욱 살립니다.

5. 음악 저장 및 다운로드
- 최종 음악 트랙을 검토한 후, '저장' 또는 '다운로드' 버튼을 클릭하여 음악 파일을 저장합니다.
- 생성된 음악을 고음질로 다운로드하여 다양한 플랫폼에서 활용할 수 있습니다.

Suno을 통해 사용자는 음악적 배경 지식 없이도 손쉽게 고품질의 음악을 제작할 수 있으며, 이를 통해 음악 제작 작업이 더욱 효율적이고 창의적으로 변모할 수 있습니다. 무료버전에는 상업적 용도로 사용할 수 없습니다.

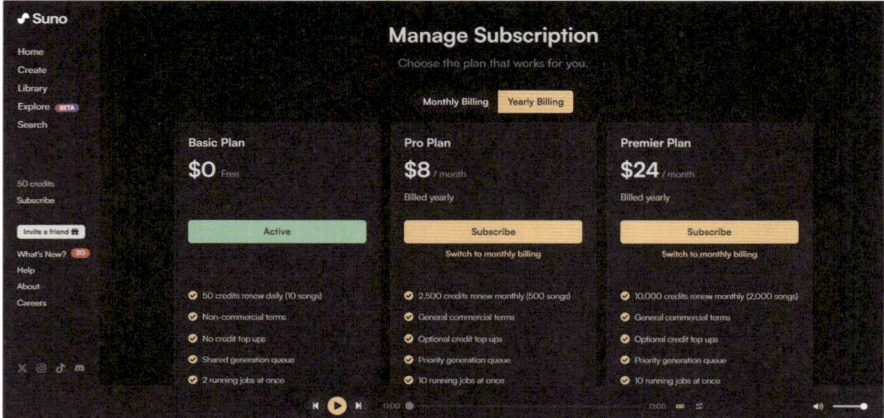

CapCut을 활용한 자동 자막 생성

자동 자막 생성 기능은 AI를 활용하여 비디오의 음성을 텍스트로 변환하는 기능입니다. 이를 통해 사용자는 빠르고 쉽게 자막을 추가할 수 있습니다.

1. 프로젝트 생성
- CapCut을 열고, **새 프로젝트**를 클릭합니다.
- 편집할 비디오 클립을 타임라인에 추가합니다.

2. 자동 자막 생성
- 네이버 클로바 더빙과 D-iD의 목소리에서 생성받은 Mp3받을 불러와 비디오의 시점에 맞게 배치시킵니다. 오디오 품질이 좋고, 말소리가 명확하게 들리는지 확인합니다. 자동 자막 생성 기능은 음성이 명확할 때 더 정확하게 작동합니다. 타임라인에서 오디오를 선택합니다.
- 하단 메뉴에서 **텍스트** 옵션을 선택합니다.
- **자동 자막** 옵션을 클릭합니다.

- 한국어를 선택하고, **시작** 버튼을 누릅니다.
- CapCut이 오디오를 분석하여 자막을 자동으로 생성합니다. 이 과정은 오디오 길이에 따라 다소 시간이 걸릴 수 있습니다.

3. 자막 편집

- 생성된 자막이 타임라인에 표시됩니다.
- 자막의 텍스트, 타이밍, 폰트 스타일, 크기, 색상 등을 수정할 수 있습니다.
- 불필요한 자막을 삭제하거나 새 자막을 추가할 수 있습니다.

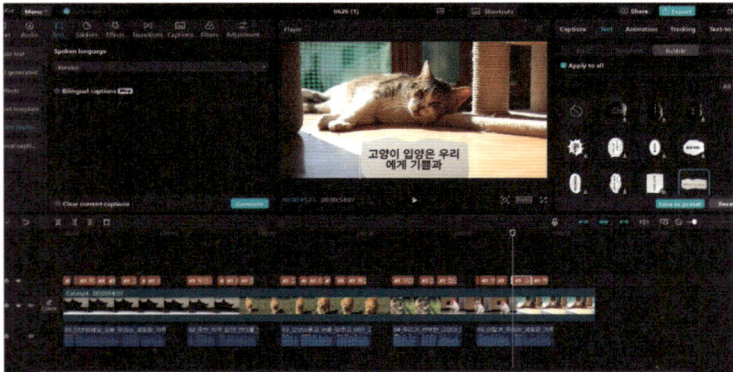

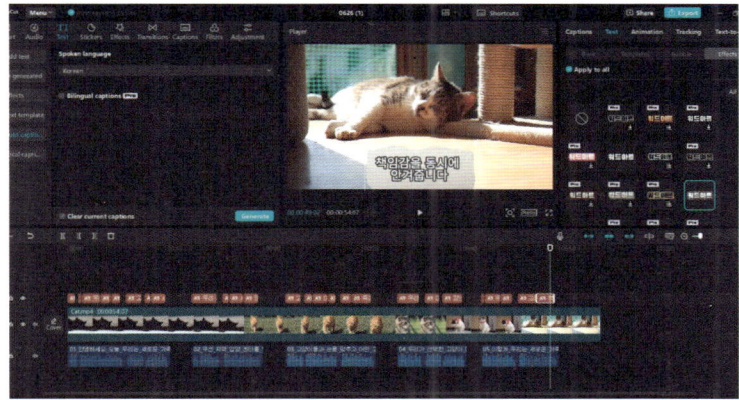

4. 자막 파일(SRT) 내보내기

1. 편집이 완료되면, "내보내기" 옵션을 선택합니다. (프로 버전에 가능합니다.)

2. "SRT 파일 내보내기"를 선택하여 자막 파일을 저장합니다.

3. SRT 파일을 유튜브 또는 다른 비디오 플랫폼에 업로드할 때 활용할 수 있습니다.

PART5

뤼튼 사용방법

Shopify Logo Maker로 자동 로고 만들기

미리캔버스를 활용한 썸네일 제작하기

유튜브 채널 설정 및 영상 업로드

뤼튼 사용 방법

뤼튼은 사용자가 입력한 텍스트를 분석하고 다양한 방식으로 활용할 수 있도록 도와주는 한국어 인공지능 기반 도구입니다. 다음은 뤼튼의 사용 방법에 대한 안내입니다.

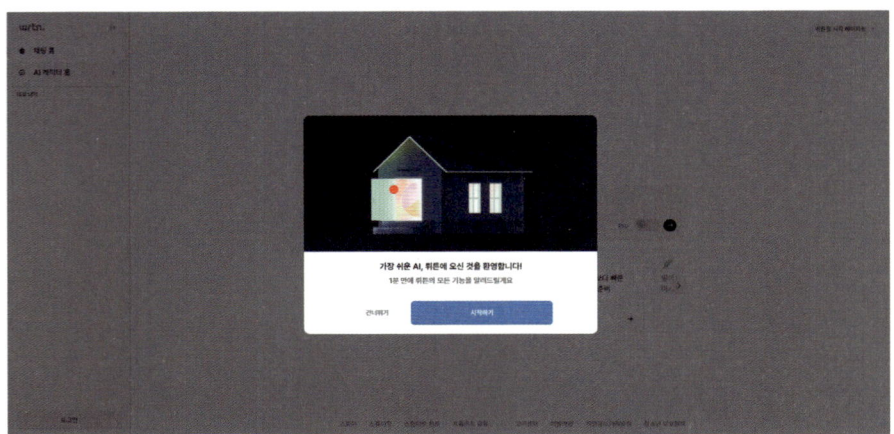

출처 / 뤼튼 홈페이지

1. 회원가입 및 로그인

① **회원가입**: 뤼튼 공식 웹사이트에 접속하여 회원가입을 진행합니다. 이메일과 비밀번호를 입력하고, 계정을 활성화합니다.

② **로그인**: 가입한 계정으로 로그인합니다.

2. 텍스트 입력

① **입력창 찾기**: 로그인 후 대시보드나 메인 화면에서 텍스트 입력창을 찾습니다.

② **텍스트 입력**: 분석하거나 변환하고자 하는 텍스트를 입력창에 입력합니다. AI 검색, AI 이미지 생성, AI 과제와 업무 3가지를 선택할 수 있습니다.

3. 기능 선택

뤼튼 텍스트 AI 툴은 다양한 기능을 제공합니다. 원하는 기능을 선택하여 텍스트를 처리합니다. 주요 기능은 다음과 같습니다:

- **문법 및 맞춤법 검사**: 입력된 텍스트의 문법 및 맞춤법을 검사하고 수정 사항을 제안합니다.
- **텍스트 요약**: 긴 텍스트를 짧게 요약해줍니다.
- **문장 재구성**: 입력된 문장을 더욱 자연스럽고 매끄럽게 재구성합니다.
- **언어 번역**: 텍스트를 다양한 언어로 번역합니다.
- **키워드 추출**: 텍스트에서 주요 키워드를 추출합니다.
- **감정 분석**: 텍스트의 감정을 분석하여 긍정, 부정, 중립 등의 감정 상태를 평가합니다.

4. 결과 확인 및 활용

1. **결과 확인**: 선택한 기능에 따른 분석 결과나 변환된 텍스트를 확인합니다.
2. **결과 활용**: 결과를 복사하거나 다운로드하여 원하는 문서나 프로젝트에 활용합니다.

5. 추가 설정 및 사용자 정의

- **사용자 설정**: 사용자 맞춤형 설정을 통해 분석 기준이나 결과 형식을 조정할 수 있습니다.
- **피드백 제공**: 결과에 대한 피드백을 제공하여 AI 툴의 성능 향상에 기여할 수 있습니다.

뤼튼을 활용한 유튜브 제목 및 해시태그 생성 방법

뤼튼을 이용하여 유튜브 제목 및 해시태그를 생성하는 방법을 단계별로 안내드립니다.
예를 들어, 고양이 채널에 어울리는 제목과 해시태그를 생성하는 방법입니다.

1. 기능 선택 및 설정

① **제목 생성 기능 선택**: 뤼튼의 기능 중 "AI 과제와 업무" 을 선택합니다.

② **명령어 입력**: 입력창에 "고양이 채널에 어울리는 채널명을 적어줘"와 같은 명령어를 입력합니다.

③ **해시태그 생성 기능 선택**: 해시태그를 생성하려면 "해시태그 생성" 기능을 선택합니다. 명령어로 "고양이 채널 관련 해시태그를 생성해줘"라고 입력합니다.

2. 결과 확인 및 수정

① **결과 확인**: 뤼튼이 생성한 유튜브 제목과 해시태그를 확인합니다. 예를 들어, 제목은 "사랑스러운 고양이들의 하루", 해시태그는 "#고양이 #반려동물 #귀여운고양이"와 같이 나올 수 있습니다.

② **수정 및 최적화**: 생성된 제목과 해시태그가 마음에 들지 않으면 추가 명령어를 입력하여 재생성하거나, 직접 수정할 수 있습니다.

예시 :

명령어 입력

- **유튜브 제목 생성 명령어**: "고양이 채널에 어울리는 채널명을 적어줘"

- **해시태그 생성 명령어**: "고양이 채널 관련 해시태그를 생성해줘"

뤼튼의 출력 결과

- **제목**: "사랑스러운 고양이들의 하루", "고양이와 함께하는 즐거운 시간", "귀여운 고양이 모음"

- **해시태그**: "#고양이 #반려동물 #귀여운고양이 #고양이일상 #냥스타그램"

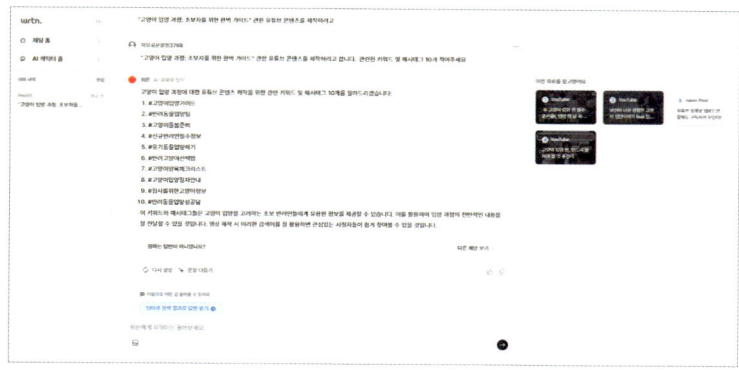

뤼튼을 활용한 유튜브 쇼츠 10개 내용

예시 :

명령어 입력

- **유튜브 쇼츠 내용 생성 명령어**: "고양이 채널 쇼츠 10개 내용을 만들어줘"

뤼튼의 출력 결과 예시

1. **쇼츠 1**: "고양이의 장난감 놀이 - 고양이가 가장 좋아하는 장난감과 놀고 있는 모습을 담은 영상"
2. **쇼츠 2**: "귀여운 고양이의 낮잠 시간 - 고양이가 자는 모습을 가까이에서 촬영"
3. **쇼츠 3**: "고양이와의 인터뷰 - 주인이 고양이에게 질문을 던지고 고양이의 반응을 담은 영상"
4. **쇼츠 4**: "고양이의 아침 루틴 - 고양이가 아침에 일어나는 모습부터 식사하는 모습까지"
5. **쇼츠 5**: "고양이의 창밖 구경 - 고양이가 창밖을 바라보며 흥미로워하는 모습을 촬영"
6. **쇼츠 6**: "고양이와의 놀이 시간 - 주인이 고양이와 함께 놀아주는 모습을 담은 영상"
7. **쇼츠 7**: "고양이의 새로운 친구 - 새로운 반려동물과 고양이가 처음 만나는 순간"
8. **쇼츠 8**: "고양이의 목욕 시간 - 고양이가 목욕하는 모습을 촬영한 영상"
9. **쇼츠 9**: "고양이의 호기심 - 고양이가 새로운 물건을 탐색하는 모습을 담은 영상"
10. **쇼츠 10**: "고양이의 귀여운 순간 모음 - 고양이의 다양한 귀여운 행동을 짧게 편집한 영상"

추가 Tip

SNS 분석 사이트

미디언스 : 인플루언서 마케팅 플랫폼으로 인스타그램, 유튜브의 인플루언스의 정보/해시태그 정보 제공 → www.labs.mediance.co.kr

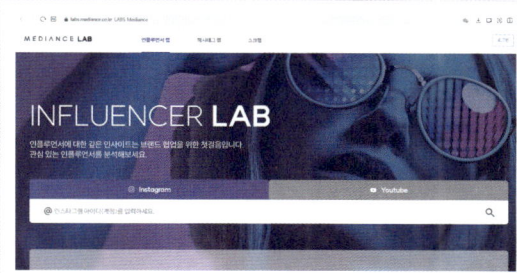

출처 / 미디언스 홈페이지

글로빙 : 연관, 인기 해시태그를 알려주는 사이트 → www.grobing.co.kr/hash

출처 / 글로빙 홈페이지

업스타태그 : 해시태그를 빅데이터로 분석하는 사이트 → www.upstatag.com

Shopify Logo Maker로 자동 로고 만들기

Shopify Logo Maker는 사용자 친화적인 도구로, 디자인 경험이 없는 사람도 쉽게 로고를 만들 수 있습니다. 아래의 단계를 따라 로고를 제작하고, 필요에 따라 여러 번 시도하여 최상의 로고를 얻고, 무료로 사용할 수 있습니다.

1. Shopify Logo Maker 방문하기

- [Shopify Logo Maker](https://hatchful.shopify.com/) 웹사이트에 접속합니다.

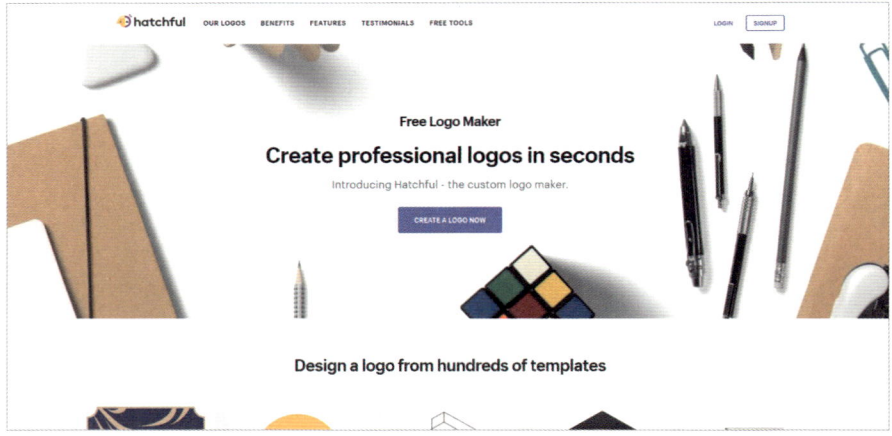

출처 / Shopify Logo Make 홈페이지

2. 시작하기

- 사이트에 접속한 후, "Get Started" 버튼을 클릭합니다. 이는 로고 제작 프로세스를 시작합니다.

3. 업종 선택하기

- 로고를 제작할 비즈니스 업종을 선택합니다. 예를 들어, 패션, 건강 및 미용, 음식 및 음료 등 다양한 업종이 제공됩니다. 이를 통해 로고 스타일을 추천받을 수 있습니다.

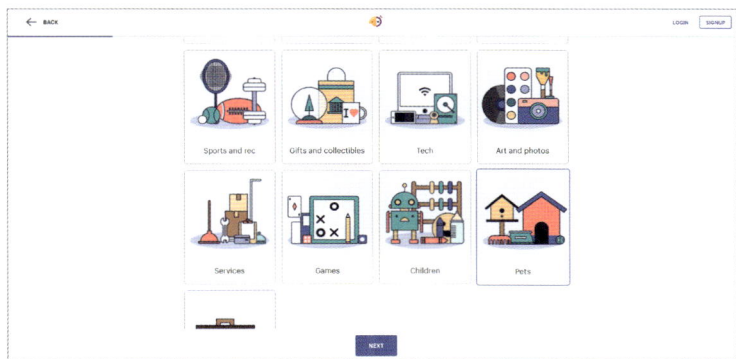

4. 스타일 선택하기

- 비즈니스에 맞는 스타일을 선택합니다. 예를 들어, 고급스러운, 모던한, 빈티지한 등 다양한 스타일 중에서 선택할 수 있습니다. 스타일을 선택하면 로고의 전체적인 분위기를 설정할 수 있습니다. 3가지까지 동시에 선택할 수 있습니다.

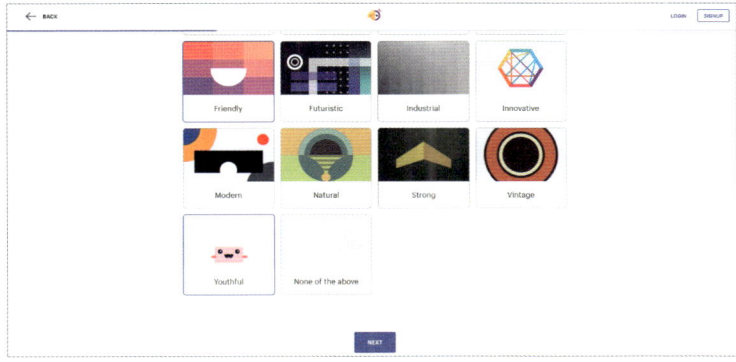

5. 비즈니스 정보 입력하기

- 비즈니스 이름과 슬로건을 입력합니다. 슬로건은 선택사항이며, 필요하지 않다면 비워둘 수 있습니다.

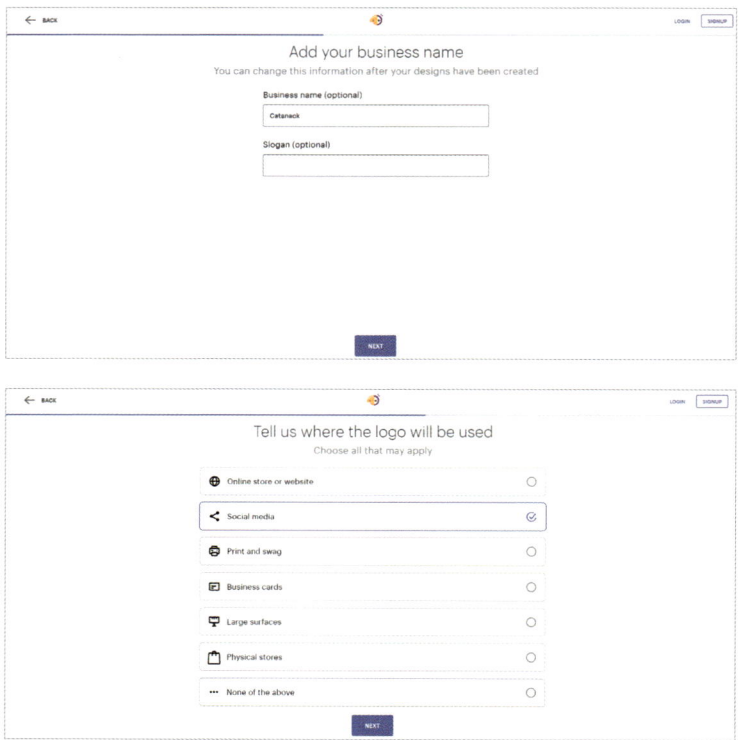

6. 로고 사용 위치 선택하기

- 로고를 사용할 위치를 선택합니다. 예를 들어, 온라인 스토어, 소셜 미디어, 인쇄물 등 다양한 사용 위치를 선택할 수 있으며, 이는 로고 디자인에 영향을 줄 수 있습니다. 유튜브 채널아트나, 프로필 이미지로 사용이 가능하며, 비즈니스 명함으로 가능합니다.

7. 로고 디자인 미리보기 및 선택하기

- Shopify Logo Maker는 입력된 정보를 바탕으로 여러 개의 로고 디자인을 생성합니다. 다양한 디자인을 미리보고, 마음에 드는 로고를 선택합니다.

8. 커스터마이즈 하기

- 선택한 로고 디자인을 커스터마이즈할 수 있습니다. 색상, 글꼴, 아이콘 등을 변경하여 원하는 대로 수정할 수 있습니다.

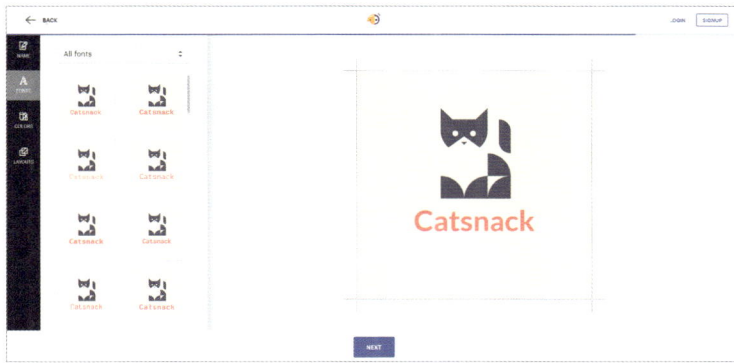

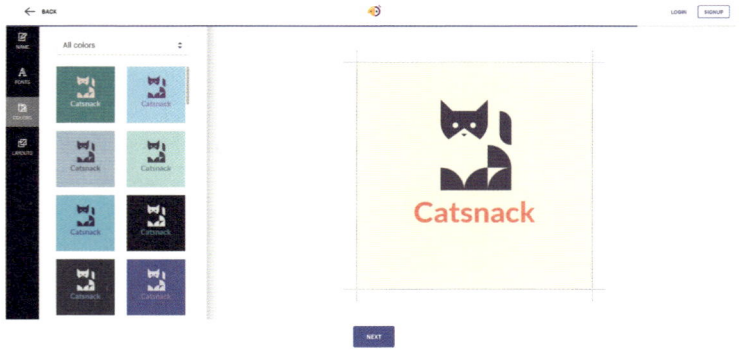

9. 로고 다운로드 하기

- 최종적으로 커스터마이즈한 로고를 다운로드합니다. (이메일을 입력하면 다운로드할 수 있습니다.)
  다운로드한 파일은 다양한 포맷으로 제공되며, 이를 통해 여러 매체에서 사용할 수 있습니다.

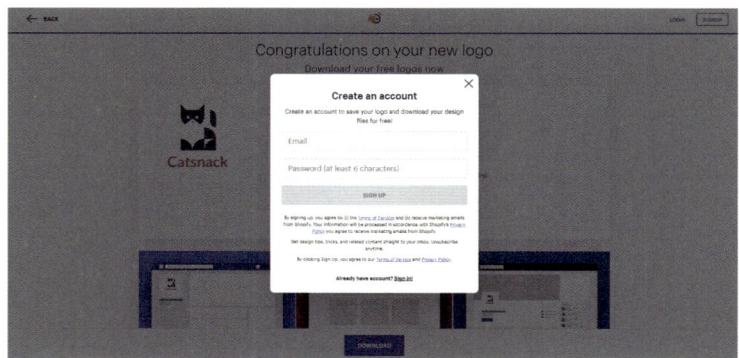

추가 Tip

- **다양한 시도**: 여러 번 시도하여 다양한 디자인을 비교해보세요. 스타일과 색상 조합을 변경하면 더 나은 결과를 얻을 수 있습니다.
- **단순함 유지**: 로고는 단순할수록 인식하기 쉽고 기억에 남기기 쉽습니다. 복잡한 디자인보다는 명확하고 간결한 디자인을 추구하세요.
- **일관성 유지**: 로고는 브랜드의 얼굴이므로, 비즈니스의 다른 요소들과 일관성을 유지해야 합니다. 로고가 비즈니스의 전체적인 이미지와 잘 어울리도록 하세요.

미리캔버스를 활용한 썸네일 제작하기

미리캔버스는 사용자 친화적인 그래픽 디자인 도구로, 전문적인 디자인 지식 없이도 고품질의 썸네일을 만들 수 있습니다. 템플릿을 사용하거나 AI 도구를 사용해서 편리하게 사용할 수 있습니다.

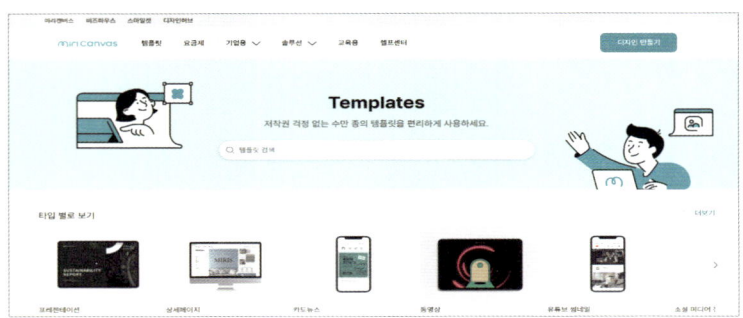

출처 / 미리캔버스 홈페이지

1. 미리캔버스 사용법

- 미리캔버스에 로그인하고, 새로운 디자인을 시작합니다.
- "유튜브 썸네일" 템플릿을 선택합니다.

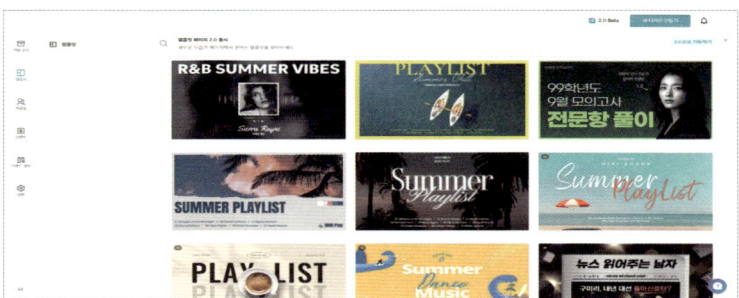

2. 썸네일 디자인

- 썸네일은 시청자의 관심을 끌기 위한 중요한 요소입니다. 명확하고 흥미로운 이미지를 사용하고, 텍스트는 간결하고 읽기 쉽게 만듭니다.
- 예: 고양이 입양 과정을 주제로 한 썸네일에는 귀여운 고양이 이미지와 "고양이 입양 가이드"라는 텍스트를 포함합니다.

3. 이미지 업로드 및 편집

- 직접 찍은 사진이나 온라인에서 다운로드한 이미지를 업로드하고, 필요한 대로 편집합니다.
- 좌측에는 여러가지 옵션창에서 색상 조정, 필터 적용, 텍스트 추가 등의 기능을 활용하여 썸네일을 꾸밉니다. 투명도, 정렬, 순서를 변경할 수 있습니다.

좌측 옵션창에서 글꼴이나 스타일, 그림자추가 등을 조정할 수 있으며, 요소에 이미지나 그래픽 소스들을 추가할 수 있습니다. 템플릿 텍스트를 활용해서 다양한 스타일의 텍스트를 적용할 수 있습니다. 데이터나, 배경색도 자유롭게 변경할 수 있습니다.

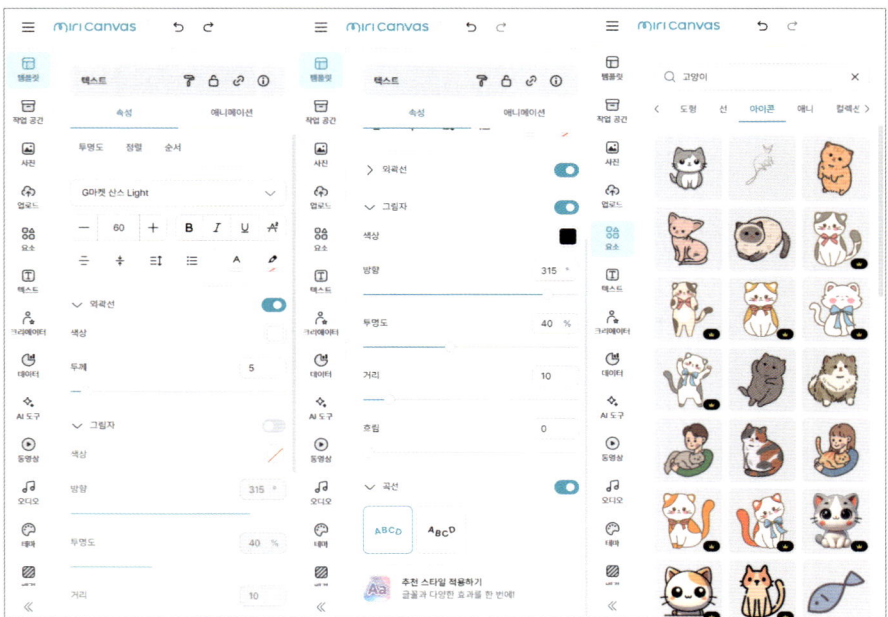

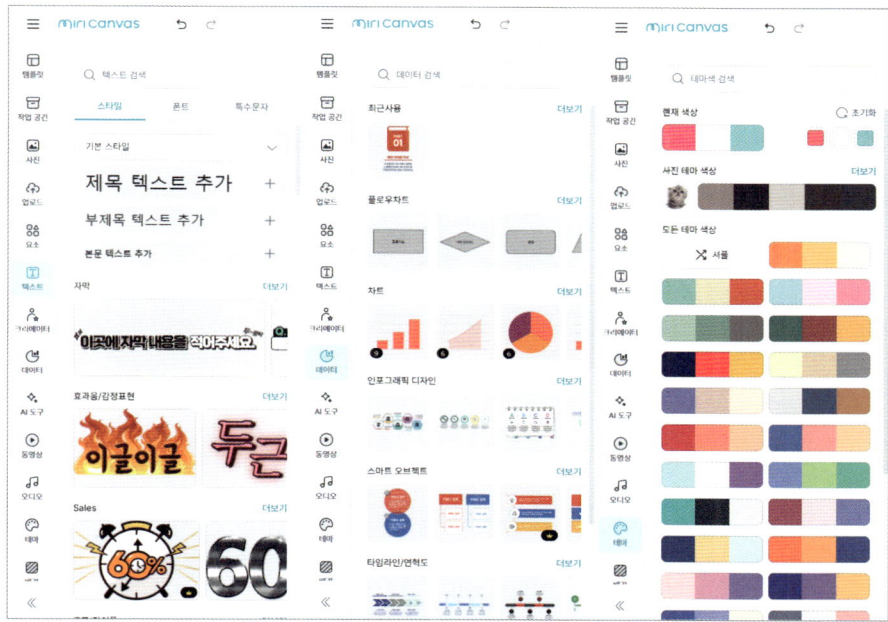

4. 썸네일 저장

- 완성된 썸네일을 저장하고, 유튜브에 업로드할 준비를 합니다.

5. AI 도구 활용하기

- AI도구를 활용해서, 드로잉, 포토, 일러스트, 로고, 캐리컬쳐, 명화 따라그릭 등과 같은 다양한 스타일을 생성할 수 있습니다.

"캐릭터 만들기"를 클릭합니다. 원하는 스타일(3D 동물 캐릭터)을 선택합니다. 이미지 묘사 창에 "귀엽고 깜찍한 아기 고양이"라고 입력합니다. 이미지지 첨부 옵션을 활성화하면 이미지와 비슷한 캐릭터가 생성됩니다. 생성하기 위해서는 20크레딧이 필요합니다.

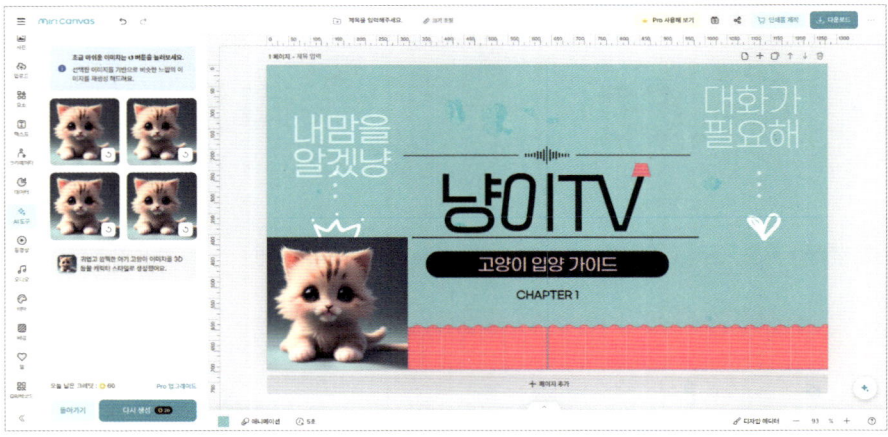

오른쪽 하단 별 이모티콘을 클릭합니다. AI 라이팅을 활용해서 필요한 문구나 단어들을 생성해서 채널아트를 꾸미는데 활용할 수 있습니다. AI 라이팅 입력창에 제시어를 적어주면 글을 생성해줍니다.
예: 고양이, 입양, 기르기 등과 같은 단어를 입력하면 "고양이들과의 특별한 순간을 공유합니다! 귀여움 폭발! 지금 바로 구독!" 라고 생성됩니다.

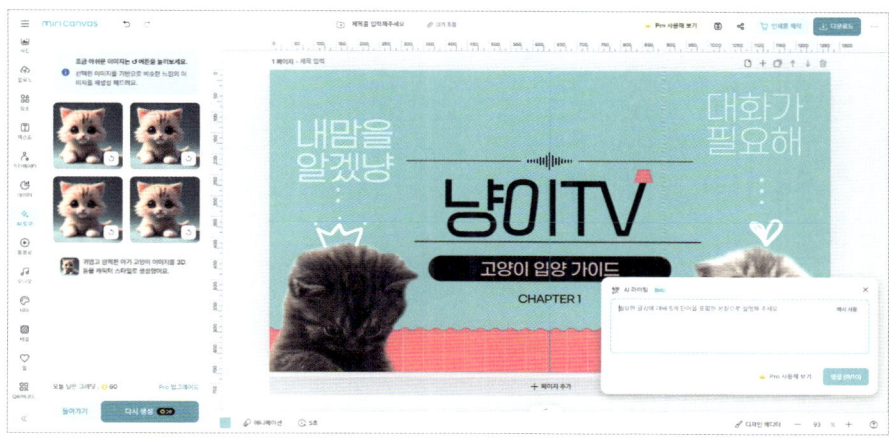

미리캔버스를 활용한 썸네일 제작하기

1. 새 디자인 시작:
- 상단 메뉴에서 "새 디자인" 버튼을 클릭합니다.
- 템플릿 선택 화면에서 "유튜브 썸네일"을 선택합니다. 유튜브 썸네일의 권장 크기는 1280 x 720 픽셀입니다.

2. 템플릿 선택:
- 다양한 썸네일 템플릿이 제공됩니다. 원하는 템플릿을 선택하여 시작할 수 있습니다.
- 템플릿을 선택하면 편집 화면으로 이동합니다.

3. 이미지 및 배경 설정:
- 템플릿의 배경 이미지를 클릭하여 자신만의 이미지로 변경할 수 있습니다. "이미지" 탭에서 업로드하여 사용할 이미지를 추가합니다.
- 배경색을 변경하거나 템플릿에 제공된 이미지를 사용할 수 있습니다.

4. 텍스트 추가 및 편집:
- 썸네일의 주요 메시지를 전달할 텍스트를 추가합니다. "텍스트" 탭에서 다양한 텍스트 스타일을 선택할 수 있습니다.
- 텍스트를 추가한 후, 글꼴, 크기, 색상, 정렬 등을 조정하여 시각적으로 강조합니다.

5. 그래픽 요소 추가:
- "요소" 탭에서 아이콘, 스티커, 도형 등의 그래픽 요소를 추가하여 썸네일을 꾸밀 수 있습니다.
- 적절한 그래픽 요소를 추가하여 시청자의 시선을 끌도록 디자인합니다.

6. 레이어 조정:
- 디자인 요소들의 레이어를 조정하여 원하는 순서대로 배치합니다. 예를 들어, 텍스트가 이미지

위에 오도록 조정할 수 있습니다.

8. 미리보기 및 조정:
- 디자인을 완료한 후, 미리보기를 통해 전체적인 느낌을 확인합니다.
- 필요에 따라 텍스트 위치, 크기, 색상 등을 최종 조정합니다.

9. 디자인 저장 및 다운로드:
- 디자인이 완료되면, 오른쪽 상단의 "다운로드" 버튼을 클릭합니다.
- 적절한 파일 형식(PNG 또는 JPG)을 선택하여 컴퓨터에 저장합니다.

추가 Tip

- **일관된 스타일 유지:** 채널의 전반적인 브랜드 이미지와 일관되도록 썸네일 스타일을 유지합니다.
- **강렬한 색상 사용:** 눈에 띄는 색상과 큰 글꼴을 사용하여 시청자의 관심을 끌도록 합니다.
- **간결한 텍스트:** 텍스트는 간결하고 핵심적인 메시지를 전달하도록 작성합니다.
- **고화질 이미지 사용:** 고화질 이미지를 사용하여 썸네일의 품질을 높입니다.

유튜브 채널 설정 및 영상 업로드

유튜브 채널아트와 프로필 이미지를 변경하는 방법은 다음과 같습니다:

유튜브 채널 아트 변경 방법

1. 유튜브에 로그인: 유튜브 계정에 로그인합니다.

2. 채널로 이동: 오른쪽 상단의 프로필 아이콘을 클릭한 후, "내 채널"을 선택합니다.

3. 채널 맞춤설정: 채널 페이지에서 "채널 맞춤설정" 또는 "채널 관리" 버튼을 클릭합니다.

4. 채널 이름 및 설명: 채널 이름명을 뤼튼과 GPT에 생성받은 내용을 입력합니다.

> "사랑스러운 고양이들의 하루. 냥이TV!"
>
> 설명은 안녕하세요! 저희 채널에 오신 것을 환영합니다! "사랑스러운 고양이들의 하루" 채널은 고양이를 사랑하는 모든 분들을 위한 공간입니다. 이곳에서는 다양한 고양이들의 귀여운 모습과 일상을 담은 영상을 만나보실 수 있습니다. "을 입력합니다.

5. **브랜드 설정:** 상단 메뉴에서 "브랜드" 탭을 선택합니다.

6. **배너 이미지 변경:** "배너 이미지" 섹션에서 "이미지 변경"을 클릭합니다.

7. **이미지 업로드:** 컴퓨터에서 미리캔버스에 다운로드 받은 이미지를 선택하여 업로드합니다. 권장 이미지 크기는 2560 × 1440 픽셀입니다.

8. **조정 및 미리보기:** 이미지를 업로드한 후, 다양한 기기에서 어떻게 보이는지 확인하고 조정합니다.

9. **저장:** 조정을 완료한 후, "완료"를 클릭하여 저장합니다.

유튜브 프로필 이미지 변경 방법

1. **유튜브에 로그인:** 유튜브 계정에 로그인합니다.

2. **채널로 이동:** 오른쪽 상단의 프로필 아이콘을 클릭한 후, "내 채널"을 선택합니다.

3. **채널 맞춤설정:** 채널 페이지에서 "채널 맞춤설정" 또는 "채널 관리" 버튼을 클릭합니다.

4. **브랜드 설정:** 상단 메뉴에서 "브랜드" 탭을 선택합니다.

5. **프로필 사진 변경:** "프로필 사진" 섹션에서 "이미지 변경"을 클릭합니다.

6. **이미지 업로드:** 컴퓨터에서 새 이미지를 선택하여 업로드합니다. 권장 이미지 크기는 800 × 800 픽셀입니다.

7. 저장: 이미지를 업로드한 후, "완료"를 클릭하여 저장합니다.

이 단계를 통해 유튜브 채널의 아트와 프로필 이미지를 쉽게 변경할 수 있습니다.

유튜브 업로드 기본 설정을 통해 모든 동영상 업로드 시 일관된 설정을 적용할 수 있습니다. 이를 통해 시간을 절약하고, 콘텐츠의 일관성을 유지할 수 있습니다. 유튜브 업로드 기본 설정을 설정하는 방법은 다음과 같습니다:

유튜브 업로드 기본 설정 방법

1. 유튜브에 로그인: 유튜브 계정에 로그인합니다.
2. 유튜브 스튜디오로 이동: 오른쪽 상단의 프로필 아이콘을 클릭하고 "유튜브 스튜디오"를 선택합니다.
3. 설정 메뉴 열기: 왼쪽 하단의 "설정" 아이콘(톱니바퀴 모양)을 클릭합니다.
4. 채널과 업로드 기본 설정: 설정 메뉴에서 "채널"과 "업로드 기본 설정" 탭을 차례대로 선택합니다.

기본 설정 옵션

1. 채널 기본 정보:
- **거주국가:** 기본적인 대한민국을 설정합니다.
- **키워드:** 채널에 관련 키워드를 포함하여 검색 최적화(SEO)를 향상시킵니다. "고양이, 반려동물, 귀여운 고양이 " 등을 입력합니다.

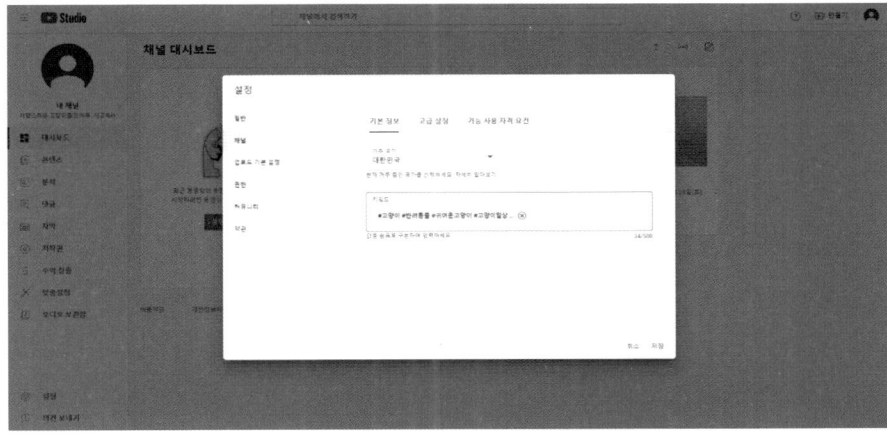

2. 업로드 기본 정보:
- **제목:** 기본 제목을 설정합니다. 각 동영상에 고유한 제목을 추가해야 할 수 있습니다.
- **설명:** 동영상 설명을 기본값으로 설정합니다. 동영상마다 고유한 정보를 추가할 수 있습니다.

- **태그:** 기본 태그를 설정하여 동영상 검색을 최적화합니다.

3. 비공개 설정:

- **공개 여부:** 기본 공개 상태를 설정합니다. (공개, 미등록, 비공개 중 선택)
- **동영상 카테고리:** 동영상이 속할 기본 카테고리를 설정합니다.

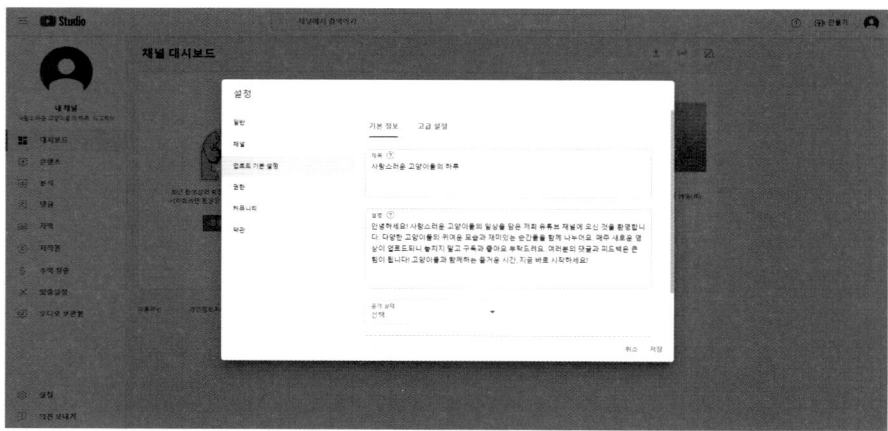

4. 고급 설정:

- **댓글 설정:** 댓글을 허용할지 여부를 설정합니다. (모두 허용, 댓글 검토 후 승인, 댓글 비활성화 등)
- **라이선스:** 동영상 라이선스를 기본값으로 설정합니다. (표준 유튜브 라이선스 또는 Creative Commons)
- **연령 제한:** 동영상에 연령 제한을 적용할지 설정합니다.
- **자막 인증:** 업로드 시 자막 인증 옵션을 설정합니다.
- **동영상 언어:** 기본 동영상 언어를 설정합니다.
- **기타:** 유료 프로모션, 콘텐츠 신고, 자동 자막, 카테고리 등 추가 설정을 적용할 수 있습니다.

5. 기타 기본 설정:

- **모든 동영상에 기본 적용할 설정:** 모든 동영상에 일관되게 적용할 추가 설정을 지정합니다.

설정 저장

모든 설정을 완료한 후 "저장" 버튼을 클릭하여 업로드 기본 설정을 저장합니다-. 이후 모든 동영상 업로드 시 설정된 기본 값이 자동으로 적용됩니다.

이를 통해 동영상 업로드 시 반복적인 설정 작업을 줄이고, 일관된 콘텐츠를 제공할 수 있습니다.

1. 영상 업로드

- 유튜브에 로그인한 후, 오른쪽 상단의 "업로드" 아이콘을 클릭합니다.
- "동영상 업로드"를 선택하고, 편집이 완료된 영상을 업로드합니다.

2. 제목, 설명, 해시태그 입력

- 뤼튼을 활용해 작성한 제목과 설명을 입력합니다.
- 관련 해시태그를 추가하여 영상을 더 많은 시청자에게 노출시킵니다.

3. 썸네일 업로드

- 미리캔버스를 활용해 제작한 썸네일을 업로드합니다.

4. 기타 설정

- 영상의 카테고리를 선택하고, 재생 목록에 추가합니다.
- 어린이용 콘텐츠 여부를 선택합니다.
- 기타 고급 설정을 통해 댓글 허용 여부, 언어 설정 등을 조정합니다.

5. 동영상 게시

- 모든 설정이 완료되면 "게시" 버튼을 클릭하여 영상을 공개합니다.

동영상 업로드 과정의 두 번째 단계에서 동영상 요소를 추가할 수 있습니다.

자막 추가 과정

1. 자막 탭 선택:

- 동영상 세부 정보 페이지의 왼쪽 메뉴에서 "자막" 탭을 선택합니다.

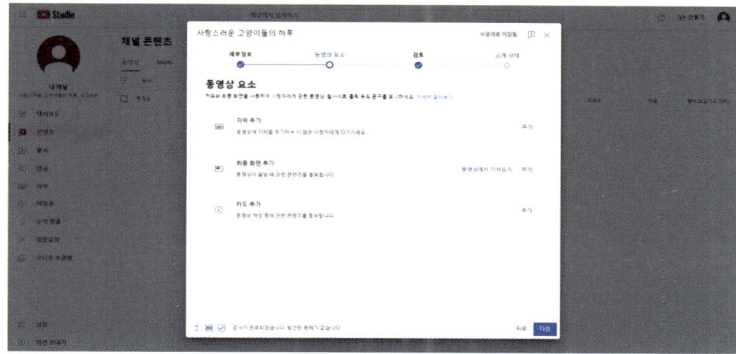

2. 언어 선택:

- 자막을 추가할 언어를 선택합니다. 유튜브는 여러 언어를 지원하므로 필요한 모든 언어에 대해 자막을 추가할 수 있습니다.

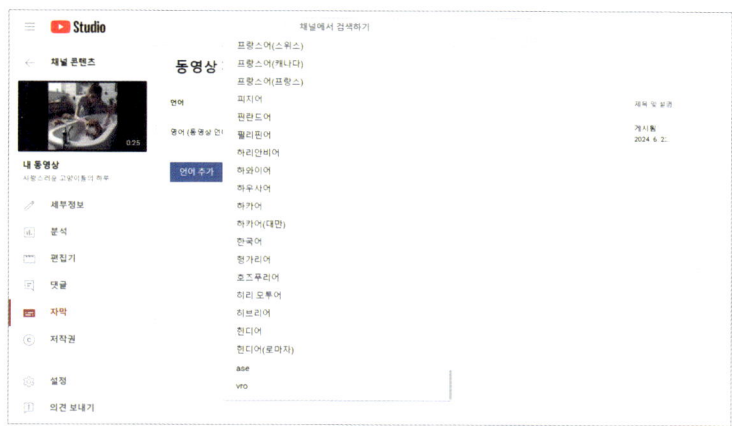

3. 자막 추가 방법 선택:

- 자막을 추가할 언어를 선택한 후, 자막을 추가할 방법을 선택합니다. 다음 중 하나를 선택할 수 있습니다:

- **자동 자막 생성:** 유튜브의 자동 자막 생성 기능을 사용하여 자막을 생성합니다. 이후 필요에 따라 수정할 수 있습니다.

- **파일 업로드:** 자막 파일을 업로드합니다. 지원되는 파일 형식은 .srt, .sbv, .sub, .mpsub, .lrc, .cap 등입니다.

- **직접 입력:** 자막을 수동으로 입력합니다.

- **동기화:** 대본 파일을 업로드하고 유튜브에서 자동으로 동영상과 동기화되도록 합니다.

4. 자동 자막 생성 (선택 사항):

- **자동 자막 생성:** 자동 자막을 생성하도록 선택하면, 유튜브가 음성을 인식하여 자동으로 자막을 생성합니다. 생성된 자막은 편집할 수 있습니다.

- **편집:** 생성된 자막을 클릭하여 자막 텍스트를 편집하고 타이밍을 조정합니다.

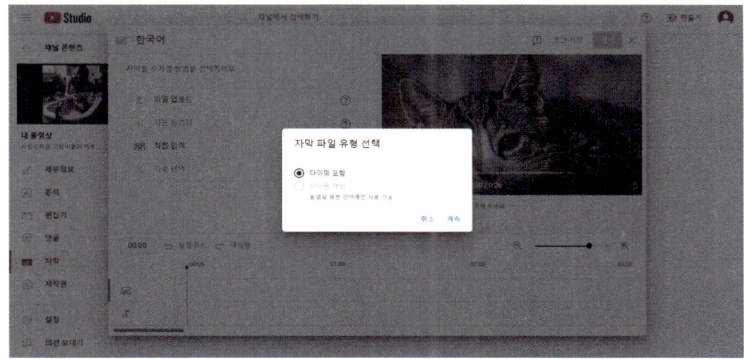

5. 파일 업로드:

- **자막 파일 업로드:** 파일 업로드를 선택하고, 준비된 자막 파일을 선택하여 업로드합니다.

- **타이밍 검토:** 업로드된 자막의 타이밍을 검토하고 필요한 경우 조정합니다.

6. 직접 입력:

- **자막 직접 입력:** 자막을 직접 입력하는 방법을 선택합니다.

- **타임코드 입력:** 자막 텍스트를 입력하고 각 자막의 시작 및 종료 시간을 설정합니다.

7. 저장: 자막 추가 및 편집이 완료되면, "저장" 버튼을 클릭하여 자막을 저장합니다.

한글 자막 추가의 이점과 자동 번역 활용

1. 자동 번역 기능:
- 유튜브는 자동 번역 기능을 통해 한글 자막을 다양한 언어로 번역할 수 있습니다.
- 한글 자막을 추가하면 유튜브가 이를 인식하여 영어, 스페인어, 일본어 등 여러 언어로 자동 번역하여 자막을 제공할 수 있습니다.

2. 해외 시청자 유입 증가:
- 자동 번역된 자막을 통해 해외 시청자들도 동영상 내용을 쉽게 이해할 수 있습니다.
- 언어 장벽을 허물어 다양한 국가의 시청자들이 동영상을 시청하게 함으로써 조회수와 시청 시간을 늘릴 수 있습니다.

3. 구독자 증가:
- 해외 시청자들이 동영상을 이해하고 즐기게 되면, 채널 구독 가능성이 높아집니다.
- 지속적으로 자막을 제공하면, 해외 시청자들은 일관된 품질의 콘텐츠를 기대하며 구독을 유지할 가능성이 큽니다.

4. 글로벌 접근성 향상:
- 자막을 통해 청각 장애인뿐만 아니라 비한국어 사용 시청자들도 동영상을 쉽게 접근할 수 있습니다.
- 다양한 언어의 자막을 제공하면 글로벌 시청자들의 만족도가 높아집니다.

5. 검색 최적화(SEO) 향상:
- 자막에 포함된 텍스트는 검색 엔진에 의해 인덱싱되어 동영상의 검색 가시성을 높입니다.
- 한글 자막을 추가하면 한글 키워드뿐만 아니라 자동 번역된 자막을 통해 다른 언어의 키워드로도 검색될 수 있습니다.

종료 화면 추가 방법

1. 종료 화면(End Screen):

- **추가 시점 설정:** 종료 화면은 동영상의 마지막 5~20초에 표시됩니다.
- **종료 화면 추가:** "종료 화면 추가" 버튼을 클릭합니다.
- **템플릿 선택:** 다양한 템플릿 중 하나를 선택하거나, 사용자 지정 옵션을 선택합니다.
- **요소 추가:** 동영상, 재생목록, 구독 버튼, 링크 등의 요소를 추가합니다.
- **위치 및 크기 조정:** 요소를 드래그하여 원하는 위치에 배치하고 크기를 조정합니다.
- **미리보기 및 저장:** 종료 화면의 미리보기를 확인하고 "저장"을 클릭합니다.

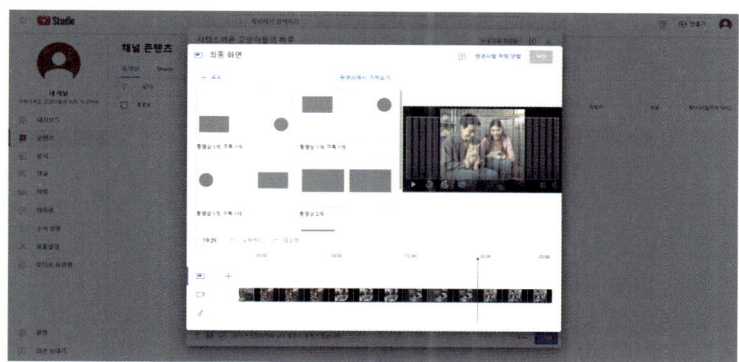

2. 카드(Cards):

- **카드 추가:** "카드 추가" 버튼을 클릭합니다.
- **카드 유형 선택:** 카드에는 동영상, 재생목록, 채널, 링크, 기부 등의 유형이 있습니다.
- **카드 설정:** 각 카드의 세부 설정을 완료합니다. 예를 들어, 동영상 카드를 추가할 경우, 추천할 동영상을 선택합니다.
- **타이밍 설정:** 카드가 나타날 시점을 설정합니다.
- **위치 및 미리보기:** 카드의 위치를 조정하고 미리보기를 통해 확인합니다.
- **카드 저장:** 설정을 완료한 후 "저장"을 클릭합니다.

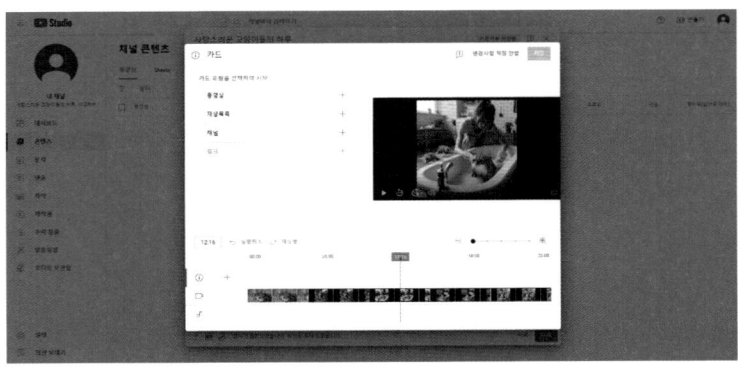

검토 및 공개 설정

- **동영상 검토:** 업로드한 동영상의 정보를 검토하고 필요한 경우 수정합니다.
- **공개 설정:** 동영상의 공개 여부(공개, 비공개, 미등록)를 설정합니다.
- **프리미어 설정:** 프리미어 공개를 설정하여 시청자들과 실시간으로 동영상을 시청할 수 있습니다.

추가 Tip

- **매력적인 종료 화면:** 종료 화면을 통해 시청자에게 다른 관련 동영상을 추천하거나, 채널 구독을 유도합니다.
- **카드 활용:** 카드 기능을 활용하여 시청자에게 추가 정보를 제공하거나, 다른 동영상 및 재생목록으로 유도합니다.
- **타이밍 조절:** 카드와 종료 화면의 타이밍을 적절히 조절하여 시청자의 관심을 끌 수 있도록 합니다.
- **분석:** 유튜브 분석 도구를 활용하여 종료 화면과 카드의 효과를 모니터링하고, 필요한 경우 조정합니다.

동영상 요소를 잘 활용하면 시청자 참여를 높이고, 채널의 성장을 도모할 수 있습니다. 유튜브의 다양한 도구와 기능을 적극적으로 활용하여 보다 효과적인 동영상 콘텐츠를 제작해보세요.

유튜브 동영상 수정에서 블러처리 하기

유튜브에서는 동영상에서 특정 영역을 자동으로 블러 처리할 수 있는 기능을 제공합니다. 이 기능을 사용하면 얼굴이나 개인 정보 등 민감한 부분을 손쉽게 흐리게 처리할 수 있습니다. 아래는 유튜브에서 영상 자동 블러 처리 기능을 사용하는 방법에 대한 단계별 가이드입니다.

유튜브 자동 블러 처리 기능

1. 동영상 선택

1. 동영상 관리: 좌측 메뉴에서 "동영상"을 클릭합니다.
2. 편집할 동영상 선택: 블러 처리를 적용할 동영상을 선택합니다.

2. 동영상 편집기 사용

1. 편집기 열기: 동영상 관리 페이지에서 선택한 동영상의 썸네일을 클릭한 후, "편집" 버튼을 클릭합니다.

2. 동영상 편집기: 편집 화면에서 좌측 메뉴의 "편집기"를 클릭합니다.

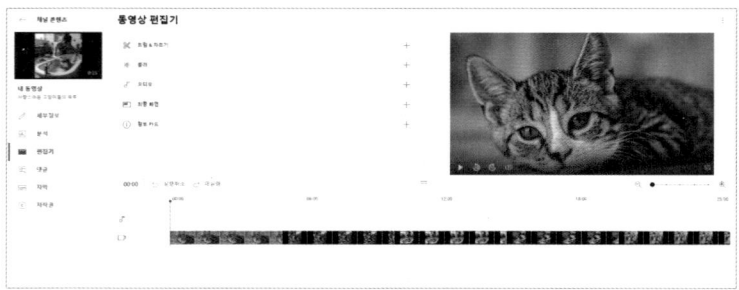

3. 블러 처리 추가

1. 블러 버튼 클릭: 편집기 화면에서 "블러 추가" 버튼을 클릭합니다.

2. 블러 옵션 선택:

- **얼굴 블러**: 유튜브는 자동으로 얼굴을 인식하여 블러 처리합니다.

- **사용자 지정 블러**: 사용자가 지정한 영역을 블러 처리할 수 있습니다.

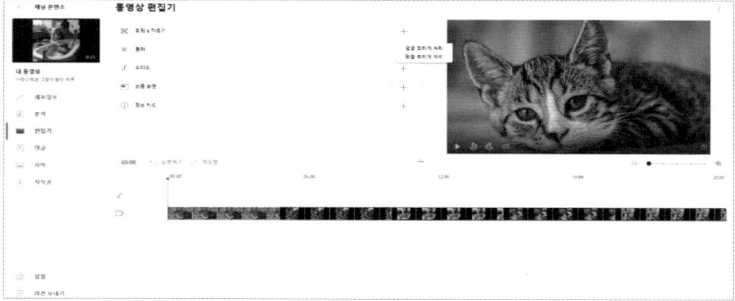

4. 얼굴 블러 처리

1. 자동 얼굴 인식: "얼굴 블러" 옵션을 선택하면 유튜브가 동영상에서 얼굴을 자동으로 인식합니다.

2. 인식된 얼굴 확인: 유튜브가 인식한 얼굴들을 확인하고, 블러 처리할 얼굴을 선택합니다.

3. 적용: 선택한 얼굴에 블러 처리를 적용합니다.

5. 사용자 지정 블러 처리

1. 블러 영역 설정: "사용자 지정 블러" 옵션을 선택합니다.

2. 블러 박스 그리기: 동영상에서 블러 처리할 영역을 드래그하여 박스를 그립니다.

3. 움직임 추적: 블러 박스가 대상의 움직임을 자동으로 추적하도록 설정할 수 있습니다.

4. 시간 설정: 블러 처리가 적용될 시간을 설정합니다.

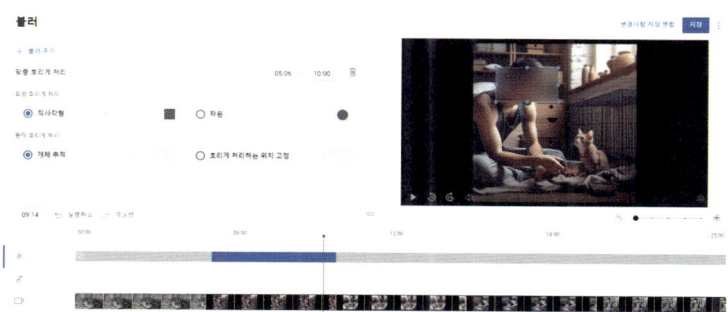

6. 블러 처리 저장

1. 블러 처리 미리보기: 블러 처리가 제대로 적용되었는지 미리 확인합니다.

2. 저장: 편집기 상단의 "저장" 버튼을 클릭하여 블러 처리를 저장합니다.

추가 Tip

- **편집 시간**: 블러 처리가 완료되기까지 시간이 걸릴 수 있으므로, 충분한 시간을 두고 편집을 진행합니다.
- **다중 블러 처리**: 초상권가 문제가 될 경우 여러 얼굴이나 영역에 블러 처리를 적용할 수 있습니다.
- **블러 영역 조정**: 필요에 따라 블러 박스의 크기와 위치를 조정하여 정확하게 블러 처리를 적용합니다.

실습 예제 : 구성안과 스토리보드 작성

기획안: 고양이 입양 및 기르는 과정 영상 콘텐츠

개요

- **제목**: "고양이를 입양해서 기르기: 입양부터 적응까지"
- **목적**: 고양이를 처음 입양하는 사람들에게 입양 과정과 기르는 방법을 안내하고, 고양이와의 첫 만남부터 적응 과정을 보여줍니다.
- **대상**: 고양이를 입양하고자 하는 초보 반려인, 반려동물에 관심 있는 일반인

목표

1. 고양이 입양 과정에 대한 이해를 돕는다.
2. 고양이를 기르기 위해 필요한 준비물과 환경 조성 방법을 안내한다.
3. 고양이의 건강과 행복을 위한 기본적인 돌봄 방법을 제공한다.
4. 고양이와의 교감을 통해 생기는 기쁨을 시청자에게 전달한다.

구성

1. **서론**: 고양이 입양에 대한 소개 (왜 고양이를 입양해야 하는지)
2. **입양 과정**: 입양 절차 설명 (입양처 선택, 서류 작성 등)
3. **준비물**: 고양이를 맞이하기 위해 필요한 물품 소개 (사료, 화장실, 장난감 등)
4. **고양이의 첫날**: 고양이와의 첫 만남, 집 소개, 적응 과정
5. **기본 돌봄**: 사료 급여, 화장실 사용법, 놀이 방법, 건강 체크
6. **고양이와의 교감**: 고양이와 친해지는 방법, 주의할 점
7. **결론**: 요약 및 마무리

> 스토리보드 구성

장면 1: 서론

- **장면 번호**: 1
- **화면 프레임**: 해설자가 카메라 앞에서 인사하고, 고양이 입양의 중요성을 설명합니다.
- **장면 설명**:
- **캐릭터 동작**: 해설자가 카메라를 바라보며 이야기합니다.
- **배경 설명**: 깨끗하고 편안한 실내 배경
- **대사 및 자막**: "안녕하세요! 오늘은 고양이 입양과 기르는 방법에 대해 알아보겠습니다."
- **카메라 움직임**: 고정된 카메라, 중간 거리 샷
- **타이밍**: 10초
- **음향 효과**: 배경 음악 (잔잔한 음악)

장면 2: 입양 과정

- **장면 번호**: 2
- **화면 프레임**: 입양 센터에서의 장면, 고양이를 선택하는 과정
- **장면 설명**:
- **캐릭터 동작**: 해설자가 고양이들을 살펴보고 있습니다.
- **배경 설명**: 고양이 입양 센터 내부
- **대사 및 자막**: "고양이를 입양할 때는 여러 가지 사항을 고려해야 합니다. 입양 절차를 하나씩 알아볼까요?"
- **카메라 움직임**: 고정된 카메라, 다양한 각도에서의 샷 (고양이 클로즈업 포함)
- **타이밍**: 30초
- **음향 효과**: 배경 음악, 고양이 소리

장면 3: 준비물

- **장면 번호**: 3
- **화면 프레임**: 해설자가 고양이 물품을 하나씩 소개하는 장면
- **장면 설명**:
- **캐릭터 동작**: 해설자가 고양이 사료, 화장실, 장난감 등을 설명합니다.
- **배경 설명**: 집안의 일부 (주방, 거실 등)
- **대사 및 자막**: "고양이를 맞이하기 위해 필요한 물품들이 있습니다. 사료, 화장실, 장난감 등입니다."
- **카메라 움직임**: 고정된 카메라, 물품 클로즈업 샷
- **타이밍**: 40초
- **음향 효과**: 배경 음악

장면 4: 고양이의 첫날

- **장면 번호**: 4
- **화면 프레임**: 고양이가 집에 처음 도착하는 장면
- **장면 설명**:
- **캐릭터 동작**: 고양이가 캐리어에서 나와 집안을 탐험합니다.
- **배경 설명**: 집 내부
- **대사 및 자막**: "고양이가 집에 처음 도착했을 때는 낯설어할 수 있습니다. 충분한 시간을 주세요."
- **카메라 움직임**: 고정된 카메라, 고양이의 움직임을 따라가는 샷
- **타이밍**: 1분
- **음향 효과**: 잔잔한 배경 음악, 고양이 소리

장면 5: 기본 돌봄

- **장면 번호**: 5
- **화면 프레임**: 해설자가 고양이에게 사료를 주고, 화장실을 사용하는 장면

- **장면 설명**:

- **캐릭터 동작**: 해설자가 고양이에게 사료를 주고, 화장실을 관리합니다.

- **배경 설명**: 주방, 화장실 등

- **대사 및 자막**: "고양이에게 사료를 줄 때는 일정한 시간에 주는 것이 좋습니다. 화장실은 깨끗하게 유지해주세요."

- **카메라 움직임**: 고정된 카메라, 클로즈업 샷

- **타이밍**: 1분

- **음향 효과**: 배경 음악

장면 6: 고양이와의 교감

- **장면 번호**: 6

- **화면 프레임**: 해설자가 고양이와 놀아주는 장면

- **장면 설명**:

- **캐릭터 동작**: 해설자가 고양이와 놀고, 교감합니다.

- **배경 설명**: 거실이나 놀이방

- **대사 및 자막**: "고양이와의 교감은 매우 중요합니다. 함께 놀아주고, 시간을 보내세요."

- **카메라 움직임**: 고정된 카메라, 다양한 각도에서의 샷

- **타이밍**: 1분

- **음향 효과**: 배경 음악, 장난감 소리

장면 7: 결론

- **장면 번호**: 7

- **화면 프레임**: 해설자가 카메라 앞에서 요약하고 마무리하는 장면

- **장면 설명**:

- **캐릭터 동작**: 해설자가 카메라를 바라보며 요약하고 인사합니다.

- **배경 설명**: 편안한 실내 배경
- **대사 및 자막**: "이렇게 고양이를 입양하고 기르는 방법에 대해 알아보았습니다. 함께 행복한 시간을 보내세요!"
- **카메라 움직임**: 고정된 카메라, 중간 거리 샷
- **타이밍**: 20초
- **음향 효과**: 배경 음악

출처 / 픽셀즈

스토리보드 샘플

장면 번호	화면 프레임	장면 설명	카메라 움직임	타이밍	음향 효과
1	해설자가 인사	해설자가 카메라 앞에서 고양이 입양 소개	고정	10초	배경음악
2	입양 센터	해설자가 고양이 선택	고정, 다양한 각도	30초	배경음, 고양이 소리
3	물품 소개	해설자가 고양이 물품 설명	고정, 클로즈업	40초	배경음악
4	첫날 집 도착	고양이가 집 탐험	고정, 따라가는 샷	1분	배경음, 고양이 소리
5	기본 돌봄	해설자가 사료 주고, 화장실 관리	고정, 클로즈업	1분	배경음악
6	교감	해설자가 고양이와 놀이	고정, 다양한 각도	1분	배경음악 장난감 소리
7	결론	해설자가 요약 및 마무리	고정	20초	배경음악

이 기획안과 스토리보드는 고양이 입양과정을 시청자들에게 알기 쉽게 전달하고, 재미있게 정보를 제공할 수 있는 콘텐츠로 구성되었습니다. 각 에피소드는 시청자들에게 고양이와 함께하는 즐거움을 전하며, 유익한 정보도 함께 제공합니다.

실습 예제 : 고양이 입양과정 제작

1. 새 프로젝트 생성

1. **새 프로젝트 시작**: CapCut의 메인 화면에서 "Create Project" 버튼을 클릭합니다.
2. **미디어 선택**: RunwayML에서 생성된 애니메이션 파일과 Bing Image Creator에서 생성한 이미지 컷을 선택하여 프로젝트에 추가합니다.

2. 미디어 파일 추가 및 정렬

1. **미디어 파일 추가**: 선택한 미디어 파일들이 타임라인에 추가됩니다.
2. **정렬**: 타임라인에서 미디어 파일의 순서를 드래그하여 고양이 입양 과정에 맞게 정렬합니다. 예를 들어, 첫 번째는 입양 하는 모습, 두 번째는 고양이에게 먹이를 주는 모습, 세 번째는 고양이를 목욕시키는 모습, 네 번째는 고양이의 털을 말리는 모습으로 배치합니다.

3. 영상 비율 설정

① **비율 변경**: CapCut의 타임라인 상단에 있는 "비율" 버튼을 클릭합니다.

② **비율 선택**: HD비율은 16:9가 기본입니다. Shorts용 제작하기 하려면 세로형, 9:16 비율을 선택됩니다.

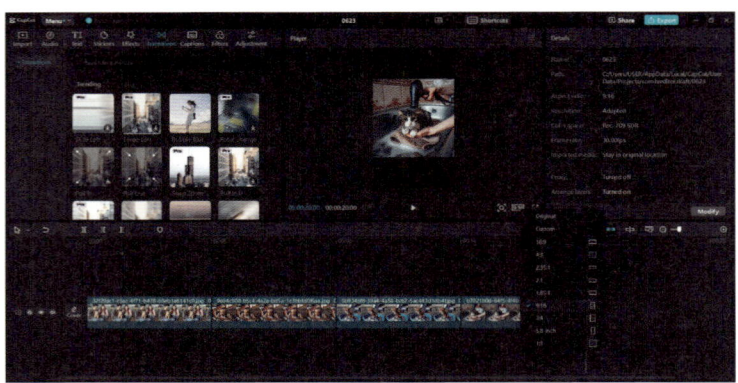

4. 전환 효과 추가

① **전환 효과 선택**: 타임라인에서 각 미디어 파일 사이의 전환 부분을 클릭하여 "전환 효과" 옵션을 선택합니다.

② **페이드 인/아웃 효과**: 부드러운 전환을 위해 페이드 인/아웃 효과를 적용합니다. 원하는 다른 전환 효과를 사용할 수도 있습니다.

③ **효과 조정**: 각 전환 효과의 지속 시간을 조정하여 자연스럽고 일관된 흐름을 만듭니다.

5. 텍스트 및 추가 효과 삽입

① **텍스트 추가**: 타임라인에서 각 이미지나 비디오 클립 위에 텍스트를 추가할 위치를 선택하고 "텍스트" 버튼을 클릭합니다.

② **텍스트 편집**: 텍스트 내용을 입력하고 폰트, 크기, 색상 등을 조정합니다. 예를 들어, "여기는 고양이 입양 센터입니다. 오늘 우리는 새로운 가족을 만나게 될 것입니다." 등의 설명을 추가합니다.

③ **추가 효과**: CapCut의 다양한 효과와 스티커, 필터 등을 사용하여 영상의 완성도를 높입니다.

6. 오디오 추가

① **배경 음악 선택**: "오디오" 메뉴를 클릭하여 배경 음악을 추가합니다. CapCut 내장 음악을 사용하거나 자신만의 음악 파일을 추가할 수 있습니다. Suno에 생성한 음악파일을 불러옵니다. AI 툴을 선택해서 오디오에 비트에 맞춰서 이미지를 맞추면 리듬감이 있는 영상을 만들수 있슫니다.

② **오디오 조정**: 배경 음악의 시작과 끝 부분을 조정하고, 음악의 음량을 조절하여 영상의 분위기에 맞게 설정합니다.

8. 자동 애니메이션

자동 애니메이션 추가: 화면의 오른편 애니메이션을 클릭합니다. In, Out 을 선택해서 원하는 애니메이션을 선택해서 이미지 컷을 애니메이션화 합니다.

9. 최종 확인 및 내보내기

① **미리보기**: 전체 영상을 미리 보고 필요한 부분을 수정합니다. 전환 효과, 텍스트, 오디오가 자연스럽게 연결되었는지 확인합니다.

② **영상 내보내기**: 수정이 완료되면 화면 상단의 "내보내기" 버튼을 클릭하여 영상을 저장합니다. 해상도와 포맷을 선택하여 최종 파일로 내보낼 수 있습니다.

부록: AI와 관련 문제들

AI 창작물의 저작권 개요

AI(인공지능)는 창작 과정에서 점점 더 중요한 역할을 하고 있으며, AI를 사용하여 생성된 창작물에 대한 저작권 문제는 복잡하고 논쟁의 여지가 있습니다. AI 창작물의 저작권은 여러 요인에 따라 다를 수 있으며, 법적 해석과 관할권에 따라 다르게 적용될 수 있습니다.

AI 창작물의 저작권 관련 이슈

1. **창작자 정의 (Authorship):** AI가 생성한 창작물의 경우, 저작권자는 누구인지 명확하지 않습니다. 일반적으로 저작권은 인간 창작자에게 부여되지만, AI 창작물의 경우 AI 자체가 저작자가 될 수는 없습니다.
2. **저작권 보호 여부:** AI가 생성한 창작물이 저작권 보호를 받을 수 있는지 여부는 아직 법적으로 확립되지 않았습니다. 일부 관할권에서는 인간의 창작적 기여가 없으면 저작권 보호를 받을 수 없다고 판단할 수 있습니다.
3. **소유권:** AI를 이용해 창작물을 생성한 사람 또는 AI를 소유한 사람이 저작권을 가질 수 있는지에 대한 논의가 필요합니다.

AI 창작물 저작권 관련 법적 사례 및 해석

1. **미국 저작권청 (U.S. Copyright Office):** 미국 저작권청은 인간의 창작적 기여가 없는 AI 생성 작품은 저작권 보호를 받을 수 없다는 입장을 밝혔습니다.
2. **영국 지적재산청 (UK Intellectual Property Office):** 영국에서는 AI가 생성한 창작물에 대해 AI를 프로그래밍하거나 운영하는 사람이 저작권을 가질 수 있다는 해석이 있습니다.

AI 창작물 저작권의 적용 예

1. **AI 보조 창작물:** 인간이 AI를 도구로 사용하여 창작물을 생성하는 경우, 인간의 창작적 기여가 명확하면 저작권은 인간 창작자에게 부여됩니다. 예를 들어, AI를 사용해 사진을 편집하거나 음악을 작곡하는 경우.
2. **순수 AI 창작물:** AI가 독립적으로 생성한 창작물의 경우, 저작권 보호 여부는 관할권에 따라 다를 수 있으며, 보호되지 않을 가능성이 높습니다.

AI 창작물 저작권 관련 참고 사이트

- [미국 저작권청](https://www.copyright.gov/): AI 창작물에 대한 저작권 정책 및 사례 제공.
- [UK Intellectual Property Office](https://www.gov.uk/government/organisations/intellectual-property-office): 영국 지적재산청의 AI 창작물 관련 지침.
- [WIPO](https://www.wipo.int/): 세계 지적재산권 기구에서 AI와 저작권에 대한 국제적인 논의 제공.

AI 창작물 저작권 준수 체크리스트

1. **저작권 보호 여부 확인:** AI가 생성한 창작물이 저작권 보호를 받을 수 있는지 확인.
2. **인간의 창작적 기여 확인:** 창작 과정에서 인간의 기여가 있는지 여부를 명확히 기록.
3. **라이선스 확인:** AI 도구 또는 소프트웨어의 사용 조건과 라이선스를 확인하여 적절히 준수.
4. **저작권 표시:** AI가 생성한 창작물에 대한 저작권 표시를 명확히 하여 소유권을 주장할 수 있는지 검토.
5. **법적 자문:** AI 창작물의 저작권과 관련된 법적 문제에 대해 전문가의 자문을 받음.

AI의 저작권 문제

인공지능(AI)을 활용한 콘텐츠 제작이 활성화되면서, 저작권과 관련된 다양한 문제가 부각되고 있습니다. 주요 쟁점은 다음과 같습니다.

생성형 AI와 저작권 문제 요약

1. AI 생성물의 저작권:
- 대부분의 국가에서 AI 생성물은 저작권을 인정받지 못함.
- 저작권은 인간의 창의성과 노력이 담긴 창작물에만 부여됨.

2. 생성형 AI 콘텐츠의 저작권:
- AI가 자동으로 생성한 결과물은 저작권 보호 대상이 아님.
- 인간이 AI 생성물에 창작적 표현을 추가하면 그 부분에 대해 저작권을 가질 수 있음.

3. AI 생성물의 재사용:
- AI 생성물에는 저작권이 없으므로 다른 사람이 이를 재사용해도 저작권 위반이 아님.
- AI가 학습한 원저작물에 대해서는 저작권 침해 문제가 발생할 수 있음.
- AI 결과물이라는 출처 표기는 필수임.

4. 유명인 초상권 문제:
- AI 생성물이라도 공인의 초상을 무단으로 게시할 수 없음.
- 모든 사람은 자신의 초상이 허락 없이 사용되는 것을 거부할 권리가 있음.
- 무단 이용 시 손해배상 청구 및 게시 중단 청구 가능.

AI의 윤리적 문제

AI 기술의 발전은 다양한 윤리적 문제를 수반합니다. 주요 윤리적 쟁점은 다음과 같습니다.

1. 책임과 투명성
- **책임 소재:** AI가 잘못된 결정을 내리거나 부적절한 행동을 했을 때, 이에 대한 책임은 누구에게 있는가? AI 개발자, 운영자, 사용자 모두 책임의 일부를 나눠 가져야 할 필요가 있습니다.
- **투명성:** AI의 의사 결정 과정이 투명하지 않을 경우, 결과에 대한 신뢰도가 떨어질 수 있습니다. AI의 의사 결정 알고리즘과 데이터 출처를 명확히 공개하는 것이 중요합니다.

2. 공정성과 편향성
- **편향된 데이터:** AI가 편향된 데이터를 학습하면, 결과 역시 편향될 수 있습니다. 이는 사회적 불평등을 심화시키거나 특정 집단에 불이익을 줄 수 있습니다.
- **공정한 알고리즘:** AI 알고리즘이 공정하게 설계되고, 다양한 데이터를 반영하여 편향성을 최소화하는 노력이 필요합니다.

3. 프라이버시와 데이터 보호
- **개인정보 보호:** AI가 개인의 데이터를 수집하고 분석하는 과정에서 개인정보 보호 문제가 발생할 수 있습니다. 개인정보 보호법을 준수하고, 사용자의 동의를 받는 것이 중요합니다.
- **데이터 보안:** AI 시스템이 해킹이나 데이터 유출로 인해 악용될 수 있으므로, 데이터 보안 강화가 필요합니다.

4. 사회적 영향
- **일자리 대체:** AI가 인간의 일자리를 대체할 가능성이 커지면서, 이에 대한 사회적 대비가 필요합니다. 새로운 기술에 맞는 교육과 직업 훈련 프로그램을 마련하는 것이 중요합니다.
- **사회적 불평등:** AI 기술이 특정 계층이나 지역에만 혜택을 줄 경우, 사회적 불평등이 심화될 수 있습니다. 모든 사람이 AI의 혜택을 공평하게 누릴 수 있도록 정책적 지원이 필요합니다.

AI의 환경적 문제

AI 기술의 발전은 환경에도 영향을 미칩니다. 주요 환경적 쟁점은 다음과 같습니다.

1. 전력 소비
- **고성능 컴퓨팅:** AI 모델의 학습과 운영에는 고성능 컴퓨팅 자원이 필요합니다. 이는 막대한 전력 소비를 유발하며, 이로 인해 많은 양의 이산화탄소가 배출됩니다.
- **데이터 센터:** AI 모델을 운영하는 데이터 센터는 지속적으로 냉각과 전력 공급이 필요합니다. 이는 에너지 소비를 더욱 증가시키며, 환경에 부정적인 영향을 미칩니다.

2. 탄소 발자국
- **AI 모델의 탄소 발자국:** 대규모 AI 모델의 학습과 실행 과정에서 상당한 양의 탄소가 배출됩니다. 이는 기후 변화에 기여할 수 있으며, 환경 보호를 위한 지속 가능한 접근이 필요합니다.
- **친환경 기술:** AI 기술을 개발하고 운영할 때, 친환경 에너지를 사용하는 데이터 센터를 구축하거나 에너지 효율적인 알고리즘을 개발하는 등의 노력이 필요합니다.

AI의 발전으로 인해 생성된 콘텐츠의 저작권 문제는 복잡한 법적, 윤리적 과제를 제기합니다. 이를 해결하기 위한 방안과 대책은 다음과 같습니다:

AI 저작권 문제 해결 방안

1. 법적 규제 및 정책 제정:
- **명확한 법적 기준 수립**: 정부와 국제 기구는 AI가 생성한 콘텐츠에 대한 명확한 저작권 기준을 마련해야 합니다. 이는 AI가 생성한 작품의 저작권 소유자, 보호 범위, 권리 행사 방안 등을 포함해야 합니다.
- **기술 중립적 법률**: 법률이 기술 중립적이어서 AI 기술의 발전에 따라 유연하게 적용될 수 있도록 해야 합니다.

2. AI 저작권 등록 시스템:
- **등록 절차 마련**: AI가 생성한 작품을 등록할 수 있는 별도의 저작권 등록 절차를 마련합니다. 이를 통해 AI 생성 콘텐츠의 저작권을 공식적으로 인정하고 보호할 수 있습니다.
- **저작권 부여 기준**: AI와 인간이 공동으로 작업한 경우 저작권 부여 기준을 명확히 설정하여 창작 과정에서의 기여도를 반영합니다.

3. 책임과 권리 명확화:
- **책임 소재 규명**: AI 생성 콘텐츠에 대한 법적 책임 소재를 명확히 하여, 콘텐츠에 문제가 발생했을 때 책임을 질 수 있는 주체를 규정합니다. 이는 AI 개발자, 사용자, 소유자 등 다양한 이해관계자를 포함할 수 있습니다.
- **저작권 권리 분배**: AI가 생성한 콘텐츠의 수익 분배와 권리 행사에 대한 기준을 설정하여, AI 개발자와 사용자가 공정하게 혜택을 받을 수 있도록 합니다.

4. 윤리적 가이드라인 마련:
- **윤리적 창작 기준**: AI가 윤리적으로 올바르게 콘텐츠를 생성할 수 있도록 가이드라인을 마련합니다. 이는 데이터 사용의 투명성, 저작권 침해 방지, 공정한 이용 등을 포함합니다.
- **AI 투명성 확보**: AI가 생성한 콘텐츠임을 명확히 밝히고, 콘텐츠 생성 과정에 대한 투명성을 확보하여 사용자가 이를 인식할 수 있도록 합니다.

AI 저작권 대책

1. 교육과 인식 제고:
- **저작권 교육 강화**: AI 개발자, 사용자, 콘텐츠 창작자를 대상으로 저작권 교육을 강화하여 AI 생성 콘텐츠에 대한 저작권 인식을 높입니다.
- **인식 캠페인**: 일반 대중을 대상으로 AI 저작권 문제에 대한 인식 캠페인을 전개하여 AI와 저작권에 대한 이해도를 높입니다.

2. 기술적 보호 조치:
- **디지털 워터마킹**: AI 생성 콘텐츠에 디지털 워터마크를 삽입하여 저작권 침해를 방지하고, 원작자를 식별할 수 있도록 합니다.
- **저작권 보호 소프트웨어**: AI 생성 콘텐츠의 무단 복제와 배포를 방지할 수 있는 저작권 보호 소프트웨어를 개발하고 보급합니다.

3. 국제 협력:
- **국제 저작권 협약**: 국제 사회가 협력하여 AI 생성 콘텐츠의 저작권 문제를 다루는 국제 저작권 협약을 마련합니다. 이는 글로벌 차원에서 일관된 저작권 보호를 가능하게 합니다.
- **정보 교류**: 국가 간 정보 교류와 협력을 통해 AI 저작권 문제에 대한 최선의 해결 방안을 모색합니다.

결론

AI의 발전으로 인해 발생하는 저작권 문제는 법적, 윤리적, 기술적 측면에서 다각적인 접근이 필요합니다. 명확한 법적 기준 수립, 책임과 권리 명확화, 윤리적 가이드라인 마련, 교육과 인식 제고, 기술적 보호 조치, 국제 협력 등을 통해 AI 저작권 문제를 효과적으로 해결할 수 있습니다. 이는 AI 기술의 발전을 촉진하면서도 창작자와 사용자의 권리를 보호하는 데 중요한 역할을 할 것입니다-.

1인 PD가 되어 인공지능과 함께
다양한 영상을 만들어보자!

AI를 활용한
쉬운 미디어콘텐츠 제작하기!

발행일	1쇄	2024. 07. 29
	2쇄	2024. 11. 01
지은이	장세인	
발행인	신정범	
발행처	위메이크북	
주　소	서울시 성북구 화랑로 211 성북벤처창업지원센터 209호	
E-mail	wemakebookno1@gmail.com	
ISBN	979-11-987380-7-3	
가　격	22,000원	

*저작권법에 의해 보호를 받는 저작물이므로 무단 전재와 복제를 금합니다.
*위 도서는 wemakebook.co.kr 플랫폼에서 집필하고 출판된 작품입니다.